古典文獻研究輯刊

三六編

潘美月・杜潔祥 主編

第 10 冊

群書校補（三編）
——傳世文獻校補（第八冊）

蕭　旭 著

國家圖書館出版品預行編目資料

群書校補（三編）——傳世文獻校補（第八冊）／蕭旭 著 --
初版 -- 新北市：花木蘭文化事業有限公司，2023〔民 112〕
目 4+164 面；19×26 公分
（古典文獻研究輯刊 三六編；第 10 冊）
ISBN 978-626-344-268-9（精裝）
1.CST：古籍 2.CST：校勘

011.08   111022049

古典文獻研究輯刊
三六編 第 十 冊   ISBN：978-626-344-268-9

群書校補（三編）
——傳世文獻校補（第八冊）

作　　者　蕭旭
主　　編　潘美月、杜潔祥
總 編 輯　杜潔祥
副總編輯　楊嘉樂
編輯主任　許郁翎
編　　輯　張雅淋、潘玟靜　美術編輯　陳逸婷
出　　版　花木蘭文化事業有限公司
發 行 人　高小娟
聯絡地址　235 新北市中和區中安街七二號十三樓
　　　　　電話：02-2923-1455／傳真：02-2923-1452
網　　址　http://www.huamulan.tw 信箱 service@huamulans.com
印　　刷　普羅文化出版廣告事業
初　　版　2023 年 3 月
定　　價　三六編 52 冊（精裝）新台幣 140,000 元

群書校補（三編）
——傳世文獻校補（第八冊）

蕭旭　著

目次

第一冊

出土文獻校補 ··· 1

　《周家臺 30 號秦墓簡牘》校補 ···························· 3

　清華簡（五）校補 ·· 11

　清華簡（六）校補 ·· 41

　清華簡（七）校補 ······································· 127

　清華簡（八）校補 ······································· 179

　清華簡（十）校補 ······································· 217

第二冊

　北大漢簡（三）校補 ····································· 225

　北大漢簡（四）校補 ····································· 235

　北大漢簡（伍）校補 ····································· 271

　馬王堆漢墓簡帛校補 ····································· 277

　　馬王堆帛書《周易》經傳校補 ·························· 277

　　馬王堆帛書《春秋事語》再校 ·························· 295

　　馬王堆帛書《戰國縱橫家書》再校 ······················ 299

　　馬王堆帛書術數書校補 ································ 315

　　馬王堆古醫書校補 ···································· 358

　　馬王堆漢簡遣冊、簽牌校補 ···························· 423

　銀雀山漢簡再校 ··· 455

第三冊

傳世文獻校補 ··· 473

　《慎子》校補 ··· 475

　《晏子春秋》校補 ······································· 497

第四冊

　《韓詩外傳》校補 ······································· 619

第五冊

　《新序》校補 ··· 799

　《法言》校補 ··· 935

第六冊

《潛夫論》校補 ……………………………………………… 995

《風俗通義》校補 ……………………………………… 1079

《白虎通》校補 ………………………………………… 1157

第七冊

《古文苑》校補 ………………………………………… 1229

　　卷一～卷七 …………………………………………… 1229

第八冊

《古文苑》校補

　　卷八～卷二十一 …………………………………… 1445

《申鑒》校補 …………………………………………… 1579

《政論》校補 …………………………………………… 1593

《昌言》校補 …………………………………………… 1603

第九冊

《中論》校補 …………………………………………… 1609

牟子《理惑論》校補 …………………………………… 1633

《博物志》校補 ………………………………………… 1645

《生經》校補 …………………………………………… 1721

《拾遺記》校補 ………………………………………… 1747

第十冊

《啟顏錄》校補 ………………………………………… 1807

《冤魂志》校補 ………………………………………… 1825

《寒山詩注》補正 ……………………………………… 1855

小學類著作疏證 ………………………………………… 1867

《爾雅》「蟄，靜也」疏證 …………………………… 1869

《爾雅》「鯢大者謂之鰕」解詁 ……………………… 1881

《方言》「鉤，治也」疏證 …………………………… 1883

《方言》「鏚꿔」疏證 ………………………………… 1891

《說文》「霸」、「蕻」二字疏證 …………………… 1897

《說文》「眏」字疏證 ……………………………… 1907

《說文》「潁」字校正 ……………………………… 1915

《說文》「忓，極也」疏證 ………………………… 1925

《說文》「忞，忽也」疏證 ………………………… 1929

《說文》「紬，絳也」校疏 ………………………… 1939

《說文》「硈，石聲」疏證 ………………………… 1943

《釋名》「梠」字條疏證 …………………………… 1949

《釋名》「櫓」字條疏證 …………………………… 1953

《釋名》「汋」字再議 ……………………………… 1957

《唐韻》「稇稄」校正 ……………………………… 1961

《慧琳音義》「譏講」正詁 ………………………… 1967

《玉篇》「扐」字校正 ……………………………… 1981

《廣韻》「颸，風聲」校正 ………………………… 1987

朝鮮本《龍龕手鑑》「瘷」字疏證 ……………… 1991

第十一冊

三餘讀書雜記（續） …………………………… 1997

《尚書》解故（二則） …………………………… 1999

甲骨文、金文「㖶」字考釋 …………………… 2007

清華簡（六）連綿詞例釋 ……………………… 2015

郭店楚簡《老子》「亐」字考 ………………… 2021

上博簡（二）《容成氏》「酥庀」臆解 ………… 2025

漢簡「皮窘」校正 ……………………………… 2035

漢簡「尚（常）韋」解詁 ……………………… 2041

《山海經》「佩」字解詁 ………………………… 2049

《莊子》「天倪」解詁 …………………………… 2057

《莊子》「練實」解詁 …………………………… 2071

《孟子》「折枝」補證 …………………………… 2083

《法言》「童烏」解詁 …………………………… 2089

《春秋人名解詁》補說一則 …………………… 2093

「便辟」正詁 ……………………………… 2097

「祁連山」又稱作「天山」的語言學證據 ……… 2105

「桃華馬」名義考 ………………………… 2111

「駱駝」名義考 …………………………… 2119

「冀州」名義考 …………………………… 2125

「乾鵲」名義考 …………………………… 2129

「淫預石」名義考 ………………………… 2135

麵食「餺飥」、「餶飿」、「蝎餅」名義考 ……… 2139

「伎倆」再探源 …………………………… 2153

第十二冊

變音複合詞舉證 ………………………… 2155

《抱朴子》「怯如雞」考辨 ……………… 2205

中古文獻異文札記 ……………………… 2209

《經律異相》札記 ………………………… 2221

佛典疑難俗字補考 ……………………… 2227

俗字探源舉例一 ………………………… 2293

俗字探源舉例二 ………………………… 2303

元曲詞語補釋 …………………………… 2325

書　評 …………………………………… 2339

王天海《荀子校釋》評論 ……………… 2341

張覺《韓非子校疏》評論 ……………… 2359

卷　八

漢昭帝《黃鵠歌》校補

（1）黃鵠飛兮下建章，羽肅肅兮行蹌蹌

按：蹌蹌，《西京雜記》卷 1 同，《說文繫傳》「蹡（蹡）」字條引《西京雜記》作「蹡蹡」，《玉海》卷 199 引《西京雜記》作「鎗鎗」，並音轉相通。《說文》：「蹡，行貌。」肅肅，字亦作「翮翮」，《廣雅》：「翮翮，飛也。」

（2）自顧非薄，愧爾嘉祥

錢熙祚曰：「非」當作「菲」，九卷本尚不誤。

按：宋廿一卷本作「非薄」，《西京雜記》卷 1、《樂府詩集》卷 84、《玉海》卷 171 引同，《記纂淵海》卷 97、《事文類聚》後集卷 42、《合璧事類備要》別集卷 66 引作「薄德」，《初學記》卷 30、《御覽》卷 916 引《西京雜記》亦作「薄德」。《方言》卷 13：「菲，薄也。」郭璞注：「謂微薄也。」「非」、「菲」都是「微」轉音。

漢昭帝《淋池歌》校補

（1）涼風淒淒揚棹歌，雲光開曙月低河

按：揚，《太平廣記》卷 236 引《拾遺錄》作「揭棹」。「揭」是形譌。魏明帝《棹歌行》：「翌日乘波揚棹歌，悲且涼。」

漢靈帝《招商歌》校補

（1）涼風起兮日照渠，青荷晝偃葉夜舒

按：《拾遺記》卷 6：「渠中植蓮大如蓋，長一丈，南國所獻，其葉夜舒晝卷，一莖有四蓮叢生，名曰夜舒荷，亦云月出則葉舒，故曰望舒荷。」

《柏梁詩》校補

《書鈔》卷 54、《初學記》卷 12、《類聚》卷 56、《錦繡萬花谷》別集卷 26 引此文。

（1）修飭輿馬待駕來

按：修飭，宋九卷本作「修飭」。《書鈔》、《初學記》引作「牧拭」，《類

聚》引作「循飾」，《長安志》卷 3、《攷古質疑》卷 1 引作「修飾」（鈔本《長安志》作「修飭」），《錦繡萬花谷》引作「循飲」。「修」是「循」形譌，循讀為揗，摩拭也。「飭」是「飾」形譌，飭、飾並讀為拭。「牧拭」當是「扱拭」形譌。《漢書・朱博傳》：「扱拭用禁。」顏師古曰：「扱拭，摩也。」《廣雅》：「扱，拭也。」扱讀為揗，《說文》：「揗，撫也，一曰摹也。」「摹」同「摸」。《廣雅》：「揗，循也。」循亦讀為揗。「扱拭」、「循飾（拭）」同義，猶今言擦拭、揩抹，指清潔輿馬。駕，《書鈔》、《類聚》、《長安志》引同，《初學記》卷 12（凡二引）、《書敘指南》卷 2 引誤作「警」。

（2）陳粟萬石揚呂箕

按：石，《書鈔》、《初學記》、《玉海》卷 123、《職官分紀》卷 20 引同，《類聚》引作「碩」，《佩韋齋輯聞》卷 2 引作「斛」。呂，宋九卷本誤作「呂」。揚呂箕，各書引作「揚以箕」，宋刊《初學記》引作「揚以簸之」（古香齋本無「以」字）。

（3）三輔盜賊天下危

按：危，《長安志》卷 3 引同（鈔本作「尤」），宋九卷本作「先」，宋刊《類聚》引作「尢」，即「尤」（四庫本作「危」）。「先」是「尤」形譌。

（4）蠻夷朝賀常舍其

錢熙祚曰：「舍其」二字誤，當依《類聚》作「會期」。

按：宋九卷本、廿一卷本、明本、龍谿本、墨海本作「舍其」，《長安志》卷 3 引同（鈔本作「會期」）；四庫本作「會期」，《錦繡萬花谷》引同。

（5）枇杷橘栗桃李梅

按：枇杷，《類聚》、《錦繡萬花谷》引同，《御覽》卷 966、970 引作「粗梨」，《永樂大典》卷 13497 引作「祖梁」。「祖梁」是「粗梨」形譌。

諸葛亮《古梁父吟》校補

（1）里中有三墓，累累正相似

按：中，《御覽》卷 157、《太平寰宇記》卷 18 引作「內」。墓，《類聚》卷 19、《文選補遺》卷 34 引作「墳」。累累，《類聚》、《御覽》、《寰宇記》、《文選補遺》引作「纍纍」。正，《御覽》、《寰宇記》引作「皆」。累累、纍纍，行

列分明貌。《禮記‧樂記》：「纍纍乎端如貫珠。」《史記‧樂書》：「累累乎殷如貫珠。」字或作「磊磊」，《類聚》卷 56 引《古兩頭纖纖詩》：「兩頭纖纖月初生，半白半黑眼中精。腽腽膊膊雞初鳴，磊磊落落向曙星。」字或音轉作「歷歷」，《古詩十九首》：「玉衡指孟冬，眾星何歷歷。」字或音轉作「離離」，《類聚》卷 55 引《尚書大傳》：「《書》之論事，昭昭如日月之代明，離離如參辰之錯行。」字或音轉作「躒躒」、「礫礫」、「磔磔」，本書卷 1《石鼓文》：「淖魚躒躒。」章樵註：「按：躒即礫字，音歷。」《詩‧淇奧》鄭玄箋：「會謂弁之縫中，飾之以玉，礫礫而處，狀似星也。」《釋文》：「礫礫，本又作磔，音歷，又音洛。」字或音轉作「蠡蠡」，《楚辭‧九歎》：「登長陵而四望兮，覽芒圃之蠡蠡。」王逸注：「蠡蠡，猶歷歷，行列貌也。」

（2）力能拔南山，文能絕地紀

　　章樵注：文，一作「是」。

　　按：拔，宋九卷本、廿一卷本、明本作「排」，《類聚》卷 19、《樂府詩集》卷 41、《文選補遺》卷 34 引同。排，推擠、推移。紀，《類聚》、《文選補遺》引作「理」。

李陵《錄別詩》校補

（1）遠處天一隅，苦困獨零丁

　　按：零丁，《文選‧陳情事表》李善注、宋刊《類聚》卷 29 引作「伶丁」（四庫本作「零丁」），獨行貌，字或作「跉䟓」、「伶仃」〔註360〕。

（2）親人隨風散，歷歷如流星

　　按：歷歷，行列分明貌。《類聚》卷 29 引誤作「瀝滴」。

（3）三荂離不結，思心獨屏營

　　章樵注：蘋、藻、萍皆浮水而生，根不著土，以喻此身之漂流。

　　按：《廣雅》：「屏營，伀伀也。」《玄應音義》卷 8：「屏營，猶徘徊也。」又卷 12：「屏營，謂惶遽也。」音轉又作「怔營」、「正營」、「征營」，《漢書‧王莽傳》：「人民正營，無所錯手足。」顏師古注：「正營，惶恐不安之意也。」

〔註360〕參見蕭旭《「郎當」考》，收入《群書校補（續）》，花木蘭文化出版社 2014 年版，第 2380～2382 頁。

《後漢書·蔡邕傳》：「臣征營怖悸，肝膽塗地，不知死命所在。」

蘇武《答詩》校補

（1）童童孤生柳，寄根河水泥

章樵注：童童，獨立貌。

按：章樵注是也，此詩以「童童」狀孤生之柳。《御覽》卷970引麋元《詩》：「蒼蒼陵上栢，參差列成行。童童安石榴，列生神道傍。」

（2）瑤光游何速，行願支荷遲

章樵注：瑤光，言光陰之可寶。

按：支荷，宋廿一卷本、明本、墨海本同，宋九卷本作「支何」，龍谿本、四庫本作「荌荷」，《古今詩刪》卷6作「子行」。《古詩紀》卷20注：「支荷，一作『去何』。」行願，歸家的願望。「荷」當作「何」，「何遲」與「何速」對文。「支」字待考。

蘇武《別李陵》校補

（1）愴恨切中懷，不覺淚沾裳

按：愴恨切，宋廿一卷本、明本同，《類聚》卷29、《永樂大典》卷909引亦同，宋九卷本作「愴悢刃」，當據《事文類聚》別集卷25、《合璧事類備要》續集卷46引作「愴悢切」。班彪《北征賦》：「遊子悲其故鄉兮，心愴悢以傷懷。」《記纂淵海》卷80引亦誤作「愴恨」。曹大家《東征賦》：「遂去故而就新兮，志愴悢而懷悲。」此語出《楚辭·九辯》：「愴怳懭悢兮，去故而就新」，是字當從良作「悢」也。

孔融《臨終詩》校補

（1）言多令事敗，器漏苦不密

按：下句，《韻補》卷5「穴」字條引同，《書鈔》卷158引作「語漏坐不密」，《孔北海集》卷1作「器滿苦不密」。北宋釋覺範《石門文字禪》卷23《邵陽別胡強仲序》：「多言乃致禍，器滿苦不密。」即化自此文。「滿」是「漏」形譌。本書卷14揚雄《幽州牧箴》：「隄潰蟻穴，器漏箴芒。」〔註361〕即孔

〔註361〕箴芒，《類聚》卷6引作「藏亡」，《初學記》卷8引作「臧亡」，皆誤。

融此文所本。苦，患，苦於。《後漢書・蔡邕傳》：「潛舟江壑，不知其遠，捷步深林，尚苦不密。」「苦」字用法同。器漏苦不密，指器具泄漏是苦於其不密閉，有漏洞。

（2）河潰蟻孔端，山壞由猿穴

按：《韻補》卷 5「穴」字條引同，《書鈔》卷 158 引作「河潰從蟻孔，牆壞由郤穴」。

（3）讒邪害公正，浮雲翳白日

按：翳，《文選・古詩十九首》：「浮雲蔽白日，遊子不顧反。」李善注引《古楊柳行》作「蔽」。

孔融《離合作郡姓名字詩》校補

（1）海內有截，隼逝鷹揚

章樵注：當離「乙」字，恐古文與今文不同，合成孔也。

錢熙祚曰：「內」當作「外」，九卷本尚不誤。顧千里云：「隸體『截』作『𢧵』，見洪釋《度尚碑》。」

按：《孔北海集》卷 1 作「外」，《類聚》卷 56、《石林詩話》卷中引同。

孔融《雜詩二首》校補

（1）幸託不肖軀，且當猛虎步

按：託，宋九卷本作「記」，注：「一作託。」「記」是「託」形譌，宋廿一卷本、明本等作「託」，《文選・七啟》、《為石仲容與孫皓書》、《為袁紹檄豫州》、《辨亡論》李善注四引皆同。

秦嘉《四言詩五首》校補

（1）羔鴈總備，玉帛戔戔

章樵注：羔鴈玉帛，所以將其禮。《易》：「束帛戔戔。」左千切，委積貌。

按：羔，《初學記》卷 14 引作「羊」。總，宋廿一卷本作「揔」，宋刊《初學記》卷引同，俗字。《易・賁》：「賁于丘園，束帛戔戔。」《釋文》：「戔戔，馬云：『委積貌。』薛、虞云：『禮之多也。』黃云：『猥（委）積貌。一云顯見貌。』《子夏傳》作『殘殘』。」馬融說「委積貌」，是章樵注所本。「戔戔」

亦作「琖琖」，《隸續》卷 11 漢《膠東令王君廟門碑》：「束帛有琖。」「有琖」即「琖琖」。其訓委積貌，或訓多，或訓顯見貌，義皆相因，取參差不齊、長短不一為義。字亦作「賤賤」，睡虎地秦簡《封診式》：「其頭所不齊賤賤然。」「賤賤然」正狀不齊之貌。字或作「掅掅」，《漢書・息夫傳》：「叢棘掅掅，曷可棲兮？」顏師古注：「掅掅，眾盛貌。」《史記・仲尼弟子傳》宓不齊字子賤，賤亦不齊義。本字為僝。《說文》：「僝，僝互，不齊也。」字或音轉作屖，《玉篇》：「屖，不齊也。」

（2）猗兮容兮，穆矣其言

按：猗，宋廿一卷本同，古香齋本《初學記》卷 14 引同，宋刊《初學記》作「倚」。容，讀為裕，寬緩、優裕。

王粲《思親為潘文則作》校補

《類聚》卷 20、《初學記》卷 17 引此文。

（1）躬此勞瘁，鞠予小子

按：瘁，《顏氏家訓・文章》、《類聚》引同，古香齋本《初學記》引誤作「瘠」（宋刊本不誤）。也作「勞頜」，闔邱均《為公卿請復常膳第二表》：「生靈皆所不堪，聖體必將勞頜。」

（2）奄遘不造，殷憂是嬰

按：《詩・閔予小子》：「遭家不造。」毛傳：「造，為。」鄭玄箋：「造，猶成也。」焦循《毛詩補疏》卷 5：「《淮南子・天文訓》：『介蟲不為。』高誘注云：『不成為介蟲也。』是不為即不成，箋申毛義。」〔註362〕馬瑞辰曰：「不造猶不善，不善猶不淑也……不淑猶云不祥，謂遭凶喪也。傳訓為，箋訓成者，成亦善也。《淮南子・本經篇》：『五穀不為。』高注：『不為，不成也。』『成』與『為』同義，故箋以成申毛義。又按：《詩》多以『不』為語辭，『造』與『戚』一聲之轉，古通用。則《詩》云『遭家不造』，猶云遭家戚，即後世所謂『丁家艱』也。古字『丕』通作『不』。若以造為戚，《詩》言『閔予小子，遭家不造』，與《書・文侯之命》云『閔予小子，嗣遭天丕

〔註362〕焦循《毛詩補疏》卷 5，收入《續修四庫全書》第 65 冊，上海古籍出版社 2002
年版，第 444 頁。

惄」語正相類，似亦可備一解。」〔註363〕殷，《初學記》引同，《類聚》引作「隱」，一聲之轉。《詩・柏舟》：「如有隱憂。」毛傳：「隱，痛也。」《韓詩》作「殷憂」，《淮南子・說山篇》高誘注引同。《廣雅》：「殷，痛也。」殷、隱，並讀為惄。《說文》：「惄，痛也。」

闉邱沖《三月三日應詔》校補

《類聚》卷4、《初學記》卷4、《御覽》卷30、《歲時雜詠》卷16引此文。

（1）升陽潤土，冰渙川盈

錢熙祚曰：潤土，二字《類聚》倒。

按：《類聚》誤倒，《初學記》、《御覽》、《歲時雜詠》引皆作「潤土」。升陽，使陽氣上升。潤土，使土地濕潤。「潤土」與「升陽」皆動賓結構，不是與下句「川盈」對文。

（2）餘萌達壤，嘉木敷榮

按：達壤，《類聚》、《初學記》、《御覽》引同，《歲時雜詠》引作「潓人」，不知何據。《文選・東京賦》：「達餘萌於莫春，昭誠心以遠喻。」李善注引《禮記》曰：「季春勾者畢出，萌者盡達。」〔註364〕達，讀為徹，穿通。《淮南子・修務篇》：「躐沙石，蹢達膝〔暴〕。」高誘注：「蹢，足。達，穿。」《戰國策・楚策一》正作「穿」字。敷，讀為薄。《說文》：「薄，華葉布。」字或作藪，《廣韻》：「藪，花葉布也。」敦煌寫卷P.2820：「法雨降時，頷葉重藪於紅蘂。」

（3）光光華輦，詵詵從臣

按：詵詵，《類聚》引同，《初學記》、《御覽》、《歲時雜詠》引作「侁侁」。《說文》：「甡，眾生竝立之皃。《詩》曰：『甡甡其鹿。』」段玉裁曰：「毛傳曰：『甡甡，眾多也。』其字或作『詵詵』，或作『駪駪』，或作『侁侁』，或作『莘莘』，皆假借也。」〔註365〕

（4）嶪嶪峻宇，奕奕飛梁

按：嶪嶪，《御覽》引同，《初學記》引作「嶫嶫」，《類聚》引作「業業」，

〔註363〕馬瑞辰《毛詩傳箋通釋》卷30，中華書局1989年版，第1091頁。
〔註364〕引者按：見《月令》。
〔註365〕段玉裁《說文解字注》，上海古籍出版社1981年版，第274頁。

《歲時雜詠》引作「葉葉」。「葉葉」是「業業」形譌。奕奕，《御覽》引作「弈弈」，借音字。

（5）擊櫂清歌，鼓枻行謳

　　錢熙祚曰：謳，《類聚》作「酬」。

　　按：擊，《類聚》、《初學記》引同，《御覽》、《歲時雜詠》引音誤作「激」。諸書引並作「謳」，獨《類聚》作「酬」，蓋誤字。

裴秀《大蜡》校補

（1）豐禮孝祀，介茲景福

　　錢熙祚曰：《初學記》、《類聚》並作「介茲萬祜」。

　　按：《韻補》卷4「阜」字條引亦作「介茲萬祜」，《古詩紀》卷33同。《詩·小明》：「介爾景福。」毛傳：「介、景，皆大也。」鄭玄箋：「介，助也。」又《楚茨》：「以介景福。」鄭玄箋：「介，助。景，大也。」毛義為長。《易·晉卦》：「受茲介福。」虞翻曰：「介，大也。」本字為夰，《說文》：「夰，大也。」景，讀為京。

（2）摻袂成幕，連衽成帷

　　錢熙祚曰：《類聚》「摻」作「反」。

　　按：宋廿一卷本、明本作「摻」，《初學記》卷4引亦同；《類聚》卷5引作「反袂成帷」，脫下句四字。摻，擥持。《詩·遵大路》：「遵大路兮，摻執子之袪兮。」毛傳：「摻，擥。袪，袂也。」

（3）朔風叶順，降祉自天

　　按：朔，宋廿一卷本、明成化本同；四庫本作「祥」，《類聚》卷5、《初學記》卷4、《古詩紀》卷33引同。《類聚》「叶」作「協」。

王粲《雜詩四首》校補

（1）天姿既否戾，受性又不閑

　　按：《人物志·材理》：「說變通則否戾而不入。」劉昞注：「理毅則滯礙。」否，讀為鄙，閉塞。《大戴禮記·文王官人》：「心氣鄙戾者，其聲斯醜。」《論語·泰伯》：「出辭氣，斯遠鄙倍矣。」倍即背，亦戾也。

程曉《嘲熱客》校補

此篇參見蕭旭《〈啟顏錄〉校補》〔註366〕。

卷　九

王融《遊仙詩》校補

（1）鳳**𣄢**亂煙道，龍駕溢雲區

章樵注：鳳羽為旗，以龍引車。《楚詞》：「龍駕兮帝服。」又「孔蓋兮翠**𣄢**。」

按：注「**𣄢**」，《楚辭・九歌・少司命》作「旍」。正文「**𣄢**」，各本同，《古詩紀》卷 67、《漢魏六朝百三家集》卷 76、《石倉歷代詩選》卷 6 作「旍」。「**𣄢**」是「旍」形譌。《樂府詩集》卷 3《北齊明堂樂歌・高明樂》：「飾龍駕，矯鳳旍。」

（2）清鳥鶖高羽，王母停玉盃

章樵注：青鳥，西王母之使。青鸞來迎，王母停盃以待之。

錢熙祚曰：「清」當作「青」，注中尚不誤。」

按：宋九卷本、廿一卷本作「青」，《樂府詩集》卷 64 同。鶖，宋九卷本、廿一卷本、明本同，四庫本誤作「鷟」，《樂府詩集》誤同。

（3）湘沅有蘭芷，泊吾欲南征

按：芷，宋九卷本音誤作「沚」。泊，各本同，《古詩紀》卷 67、《漢魏六朝百三家集》卷 76、《石倉歷代詩選》卷 6、《古今詩刪》卷 8 作「汩」（《百三家集》據光緒信述堂重刻本，四庫本作「曰」），皆「汩（yù）」形譌。汩，疾行貌。宋玉《招魂》：「獻歲發春兮，汩吾南征。」《文選》卷 33、《類聚》卷 3、《御覽》卷 983 引作「汩」，《初學記》卷 3、《御覽》卷 20 引作「泊」，《事類賦注》卷 4 引作「泊」，亦皆「汩（yù）」形譌，胡克家《文選考異》卷 6 失校〔註367〕。《史記・屈原列傳》《懷沙》：「汩徂南土也。」《集解》引

〔註366〕 蕭旭《〈啟顏錄〉校補》，《東亞文獻研究》總第 17 輯，2016 年 6 月出版，第 103～107 頁。
〔註367〕 胡克家《文選考異》卷 6，嘉慶鄱陽胡氏刊本，本卷第 5 頁。

王逸曰：「汩，行貌。」《索隱》引《方言》：「汩，謂疾行也。」《後漢書·馮衍傳》：「甲子之朝兮，汩吾西征。」李賢注：「汩，行貌。《楚詞》曰：『汩吾南征。』汩音于筆反。」音于筆反是「汩（yù）」字。《楚辭·哀時命》：「蹇盻盻以寄獨兮，汩徂往而不歸。」音轉亦作「忽」，《楚辭·離騷》：「忽吾行此流沙兮，遵赤水而容與。」又《遠遊》：「聞至貴而遂徂兮，忽乎吾將行。」又《涉江》：「懷信侘傺，忽乎吾將行。」《涉江》王逸注為「忽忘」，則是訓忽為忘，非是。

（4）弭節且夷與，參差聞鳳笙

章樵注：與，平聲。夷與，猶徜徉也。鳳笙，王子喬事。

按：夷與，「容與」之音轉，猶言徘徊。又音轉作「夷猶」、「容裔」、「溶滴」、「踢移」、「勇伊」、「俑移」，倒言則作「依遲」，古音遲、夷相轉〔註368〕。

王融《奉和南海王詠秋胡妻》校補

（1）佩紛甘自遠，結鏡待君明

章樵注：佩，左紛帨、右箴管之屬。

按：紛，宋廿一卷本、明本同，《類聚》卷32引亦同；宋九卷本作「分」，《樂府詩集》卷36、《古樂苑》卷18同。字本作帗，《說文》：「帗，楚謂大巾曰帗。」「分」乃省借字，俗字亦作帉。

（2）佳人忽千里，幽閨積思生

錢熙祚曰：《樂府》「幽」作「空」。

按：宋九卷本、廿一卷本、明本作「幽」，《類聚》卷32、《古樂苑》卷18作「空」。

（3）涼氣承宇結，明熠傃堦流

按：蔣斧印本《唐韻殘卷》：「傃，向也。」字亦作遡，《干祿字書》：「傃、遡：向也，並正。」本字為溯（泝），《說文》：「溯，逆流而上曰溯洄。溯，向也，水欲下，違之而上也。」字亦音轉作愬、素、蘇、㤛、逆〔註369〕。

〔註368〕參見蕭旭《敦煌變文校補（二）》，收入《群書校補（續）》，花木蘭文化出版社2014年版，第1437頁。
〔註369〕參見蕭旭《荀子校補》，花木蘭文化出版社2016年版，第322～324頁。

（4）杼柚鬱不諧，契闊彌新故

　　章樵注：《詩》：「死生契闊。」言一歲將周。

　　錢熙祚曰：《樂府》「彌」作「迷」。

　　按：杼柚，《樂府詩集》卷 36、《古樂苑》卷 18 作「杼軸」，并注云：「一作『衿袖』。」彌，各本同，《古樂苑》亦作「迷」。契闊，憂苦遠離。《詩·擊鼓》：「生死契闊，與子成說。」毛傳：「契闊，勤苦也。」契，憂苦，憂愁恐懼。闊，分離、遠離。《楚辭·九歎》：「孰契契而委棟兮？」王逸注：「契契，憂貌也。契，一作挈。」《論語·憲問》：「子擊磬於衛，有荷蕢而過孔氏之門者曰：『有心哉！』」何晏云：「有心謂契契然也。」是「契契然」即是心中有事之謂，亦即指心有憂懼。契讀為頡，猶言憂恐、愁苦、急迫。《說文》：「頡，一曰恐也，讀若楔。」字亦作恝，《玉篇》：「恝，心事也。」字亦作挈，《廣雅》：「挈挈，憂也。」字亦作㓞，《集韻》：「㓞，苦也。」音轉亦作忚，《說文》：「忚，憂也。」「契闊」分承「死生」而言，言生之憂苦，死之遠離也。後世用「契闊」為久別、懷念、相交，或引申其義，或誤解詩義〔註370〕。

王融《棲玄寺聽講畢遊邸園》校補

（1）桂崦鬱初裁，蘭埒坦將闢

　　按：崦，各本同，獨宋九卷本作「掩」，大正藏本《廣弘明集》卷 30 作「燎」，宋本、宮本作「僚」，明刊本作「橑」；《古詩紀》卷 67、《古今詩刪》卷 8、《石倉歷代詩選》卷 6、《古詩鏡》卷 16、《漢魏六朝百三家集》卷 76 作「橑」。「橑」字是，其餘都是形譌。桂橑，桂木做的椽子。梁江洪《和新浦侯齋前竹詩》：「檀欒拂桂橑，蓊蔥傍朱閨。」

《別蕭諮議》校補

（1）揆景巫衡阿，臨風長楸浦

　　章樵注：景，日也。言計日至荊州巫山之阿。

　　錢熙祚曰：《英華》「浦」作「渚」，九卷本亦作「渚」。蓋章氏以與末句重韻而改之，不知末句「渚」字《英華》本作「嶼」也。

　　按：巫衡阿，宋九卷本、廿一卷本同，宋刊《類聚》卷 29 引作「衡無

〔註370〕　參見蕭旭《敦煌變文校補（二）》，收入《群書校補（續）》，花木蘭文化出版社 2021 年版，第 1558～1559 頁。

阿」，《文苑英華》卷 286 作「銜巫阿」，注：「銜巫，一作『荇蕪』。」「銜」、「荇」皆「衡」形譌，「無」、「蕪」皆「巫」音譌，當作「巫衡阿」或「衡巫阿」，指衡山巫山之阿，這裏指荊州一帶。《文選》顏延年《始安郡還都與張湘州登巴陵城樓作》：「江漢分楚望，衡巫奠南服。」李善注：「衡、巫，二山名。」梁元帝《與蕭挹書》：「但衡巫峻極，漢水悠長，何時把袂，共披心腹？」《魏書·裴叔業傳》：「將以長驅淮海，電擊衡巫。」浦，宋廿一卷本同，《類聚》引亦作「渚」。

（2）儻有關外驛，聊訪狎鷗渚

　　錢熙祚曰：《英華》「渚」作「嶼」，注云：「一作鷺。」

　　按：宋九卷本、廿一卷本、明本作「渚」，《類聚》卷 29 引作「鷺」。

（3）眷言終託何，心寄方在斯

　　錢熙祚曰：「託何」二字誤，當依《英華》作「可託」。

　　按：宋九卷本、廿一卷本、明本等作「託何」，四庫本作「託荷」，《類聚》卷 29、《古詩紀》卷 99 作「何託」。作「何託」是。

（4）勉哉勤歲暮，敬矣事容光

　　錢熙祚曰：《玉臺新詠》、《初學記》「事」並作「慎」。

　　按：《類聚》卷 29 引亦作「慎」。

（5）山川殊未慊，杜若空為芳

　　錢熙祚曰：《玉臺新詠》、《初學記》「為」並作「自」。

　　按：《類聚》卷 29、《古詩紀》卷 67 引「為」亦作「自」。川，宋九卷本、廿一卷本同，《玉臺新詠》卷 4、《類聚》、《初學記》卷 18、《古詩紀》引作「中」。「川」是「中」形譌。《楚辭·九歌·山鬼》：「山中人兮芳杜若，飲石泉兮蔭松柏。」

《蕭記室琛前夜以醉乖例今畫由醒敬應教》校補

（1）遊客無淹期，長洲有急瀾

　　章樵注：言潮至即解纜。

　　按：洲，《類聚》卷 29 引作「川」。「洲」是「川」形譌。宋謝靈運《九日

從宋公戲馬臺送孔令詩》：「河流有急瀾，浮驂無緩轍。」《御覽》卷 32 引作「東流」。「長川」即指河流。

《和王友德元古意二首》校補

（1）巫山采雲合，淇上綠條稀

　　按：稀，宋九卷本誤作「晞」。條，讀為筱，俗字亦作篠。《說文》：「筱，箭屬，小竹也。」

《餞謝文學離夜》校補

（1）瀄汨背吳潮，潺湲橫楚瀨

　　錢熙祚曰：九卷本「潮」作「湖」。

　　按：汨，各本皆同，字當從曰（yue）作「汨」，不從日（ri）作「汩」。瀄汨，象聲詞，水流聲。P.3694V《箋注本切韻》：「瀄，瀄汨（汨），水流。」《廣韻》：「瀄，瀄汨（汨），水聲。」《集韻》：「瀄，瀄汨（汨），水流皃。」《嘉定縣續志》卷 5：「瀄瀄汨汨，俗狀水聲也，讀若節骨。」《文選·琴賦》：「瀄汨澎湃，蜿蟺相糾。」張銑注：「瀄汨澎湃，水聲也。」舊注音「于筆反」，則字當作「汨」。《南史·蘇侃傳》《塞上之歌》：「朝發兮江泉，日夕兮陵山。驚颷兮瀄汨，淮流兮潺湲。」《永樂大典》卷 807 引同，字亦當作「汨」。也倒言作「汨瀄」，蔣斧印本《唐韻殘卷》：「瀄，汨（汨）瀄，水聲。」

范雲《學古貽王中書》校補

（1）竹花何莫莫，桐葉何離離

　　按：離離：繁盛貌，字亦作「穄穄」、「欐欐」。《詩·黍離》：「彼黍離離，彼稷之苗。」《釋文》：「離，如字，《說文》作『穄』。」《佩觿》卷中引作「穄穄」。《龍龕手鑑》：「穄，音離。穄穄，黍稷垂也。」《廣韻》：「欐，欐欐，黍稷行列。」

王融《雜體報范通直》校補

（1）緯綃非善賈，聖德可名臣

　　章樵注：左思《吳都賦》：「泉室潛藏而卷綃。」張華《博物志》：「鮫人從水中出，向人家寄住，積日賣綃。」言才智之士，積德累譽，如織綃然，由尺

寸以成端疋，亦非善賈待時者。《論語》：「求善賈而沽諸？」惟遇聖德之君，則人臣可名於世。

　　按：《莊子·列禦寇》：「河上有家貧，恃緯蕭而食者。」《釋文》：「緯，織也。蕭，荻蒿也。織蕭以為畚而賣之。」成玄英疏：「蕭，蒿也。家貧，織蘆蒿為薄，賣以供食。」《文選·陶徵士誄》：「緯蕭以充糧粒之費。」李善注引《莊子》，又引司馬彪曰：「蕭，蒿也。織蒿為薄。」李周翰注：「緯，織也。」《書鈔》卷 132 引《莊子》司馬彪注作「蕭，蒿也。織緯蕭以為簾箔也」，《御覽》卷 700 引作「蕭，蒿也。織緯蒿為薄簾也」，又卷 979 引作「蕭，蒿也。緯，織也。織蒿為箔」。「薄」同「箔」，簾也。《古詩紀》卷 67 注引《莊子》及注，又云：「『綃』疑『蕭』字之誤也。」其說是也，《漢魏六朝百三家集》卷 76 徑改作「緯蕭」，此詩正用《莊》典，「綃」是「蕭」音誤。

（2）槷君蘭蕙草，何用以書紳

　　章樵注：槷，未詳音義，《融集》作「徵」。徵，證也。蘭蕙，香草。以喻貽贈之辭，身當佩服，不待書紳。

　　按：槷，各本同，《漢魏六朝百三家集》卷 76 作「剡」。「槷」即「剡」增旁俗字，讀為列。

謝朓《沈右率座賦三物為詠》校補

（1）幸得與君綴，羃歷君之楹

　　章樵注：上「君」，《朓集》作「珠」。

　　錢熙祚曰：「《玉臺新詠》、《初學記》、又《御覽》卷 699「君」並作「珠」。

　　按：《白氏六帖事類集》卷 4、《類聚》卷 69、《錦繡萬花谷》續集卷 6、《合璧事類備要》外集卷 49 引亦作「珠」，《謝宣城集》卷 5 同。綴，宋刊《初學記》卷 25 引誤作「級」（古香齋本不誤）。羃歷，《玉臺新詠》卷 4、《合璧事類備要》引作「羃歷」，宋刊《初學記》引作「羃歷」（古香齋本、四庫本作「羃歷」），《錦繡萬花谷》續集卷 6 引作「幕歷」。下「君」，宋刊《初學記》引誤作「看」（古香齋本不誤）。羃歷，遮覆。

《木蘭詩》校補

（1）不聞耶孃喚女聲，但聞黃河流水鳴濺濺

　　按：濺濺，《合璧事類備要》別集卷 3 引作「淺淺」。狀疾流之聲。《集

韻》：「濺，濺濺，水疾流貌，或作淺、濺，通作磯。」《六書故》：「淺，水流淺淺也，亦作濺濺。」《楚辭‧九歌‧湘君》：「石瀨兮淺淺，飛龍兮翩翩。」王逸注：「淺淺，流疾貌。」《玉篇殘卷》卷 22「磯」字條引正文及注作「磯磯」。

（2）不聞耶孃喚女聲，但聞燕山胡騎聲啾啾

按：聲，《樂府詩集》卷 25 作「鳴」。啾啾，聲眾而急促貌。「啾」同「噍」，聲嘶急也。《楚辭‧離騷》：「鳴玉鸞之啾啾。」王逸注：「啾啾，鳴聲也。」字或省作「秋秋」，《荀子‧解蔽》引《詩》：「鳳凰秋秋，其翼若干，其聲若簫。」《類聚》卷 99 引作「啾啾」。言鳳凰之鳴啾啾然，其聲若簫也。《漢書‧揚雄傳》《羽獵賦》：「秋秋蹌蹌入西園，切神光。」宋祁曰：「秋秋，淳化本作『啾啾』。」《文選》作「啾啾」。李善注：「郭璞《三蒼解詁》曰：『啾啾，眾聲也。』啾或為秋。」

卷　十

鄒長倩《遺公孫賢良書》校補

（1）倍升為緵，倍緵為紀

按：二「緵」字，明本、龍谿本、墨海本、四庫本同；宋廿一卷本作「紌」，《西京雜記》卷 5 亦作「紌」，《御覽》卷 814、《事類賦注》卷 10、《埤雅》卷 5、18 引《西京雜記》作「緵」。「紌」是「織」異體字，此當是「緵」形譌〔註371〕，朱駿聲說本字是「黢」〔註372〕。《漢語大字典》「緵」、「紌」二字皆訓二十絲〔註373〕，失於考訂矣。

楊雄《答劉歆書》校補

（1）今舉者懷赦而低眉，任者含聲而宛舌

按：宛，宋廿一卷本、墨海本、四庫本同，宋九卷本、龍谿本作「冤」。

〔註371〕　參見王引之《春秋名字解詁》，收入《經義述聞》卷 23，江蘇古籍出版社 1985 年版，第 557 頁。
〔註372〕　朱駿聲《說文通訓定聲》，武漢市古籍書店 1983 年版，第 222 頁。
〔註373〕　《漢語大字典》（第二版），崇文書局、四川辭書出版社 2010 年版，第 3612、3636 頁。

「冤」是「冤」俗譌字。盧文弨《重校方言》據《漢書・楊雄傳》改作「宛」〔註 374〕。「冤」、「宛」古字通借，無煩改字，盧氏改字未得。《說文》:「乙，象春艸木冤曲而出也。」《漢書・息夫躬傳》《絕命辭》:「冤頸折翼，庸得往兮？」顏師古曰:「冤，屈也。」《白帖》卷 17 引《列女傳》:「宛頸獨宿兮，不與眾同。」敦煌寫卷 P.2526《修文殿御覽》引作「冤頸」。《漢書・揚雄傳》《甘泉賦》:「曳紅采之流離兮，颺翠氣之冤延。」《文選》李善本作「宛延」。皆冤讀為宛之證。《說文》:「冤，屈也。」又「宛，屈草自覆也。」《廣雅》:「冤，曲也。」二字皆訓屈，音近義同，本是同源詞。《漢書・楊雄傳》《解嘲》:「是以欲談者宛舌而固聲。」顏師古注:「宛，屈也。」《文選》作「卷舌」。

（2）猶見輶軒之使所奉言

按:奉，《方言》作「奏」，北宋晁補之《景迁生集》卷 19、《玉海》卷 44 引同，是也。

（3）願不受三歲之奉，且休脫直事之繇

錢熙祚曰:「且」字誤，當依《方言》作「且」。

按:錢說是也。龍谿本、四庫本作「且」，《景迁生集》卷 19、《蜀中廣記》卷 94、《西漢文紀》卷 22、《漢魏六朝百三家集》卷 8 引亦作「且」。宋九卷本、廿一卷本亦誤作「旦」。

（4）以問其異語，歸即以鉛摘次之於槧

按:異語，《書鈔》卷 99、《類聚》卷 85、《海錄碎事》卷 19 引同，《書鈔》卷 100 引作「意語」，《御覽》卷 814 引作「異方語」。「意」是「異」音誤。《御覽》卷 606 引《西京雜記》:「楊子雲好事，嘗懷鉛提槧從諸計吏訪殊方絕俗四方之語。」以鉛摘次之於槧，《書鈔》卷 99 引作「以鈆櫜次之於鈆槧也」，又卷 100 引作「以鈆櫜次之鈆槧」，《類聚》卷 85 引作「以鈆摘次之鈆槧」，《御覽》卷 606 引作「以鈆摘松槧」，又卷 814 引作「以鈆櫜次之於鈆槧」。今本「槧」上疑脫「鈆」字。「松」是「鈆」形譌。孔廣陶曰:「櫜、摘、摘三字通用。」〔註 375〕

〔註 374〕盧文弨《重校〈方言〉・書》，抱經堂本，收入《叢書集成初編》第 1180 冊，中華書局 1985 年影印，第 3～9 頁。下同。

〔註 375〕《書鈔》（孔廣陶校注本），收入《續修四庫全書》第 1212 冊，上海古籍出版

（5）屬雄以此篇目頗示其成者

按：盧文弨曰：「頗示其成者，一本作『頗示之』三字。李善注任昉《蕭公行狀》引作『煩示其成者』，『煩』字恐誤。戴云：『示其成者，正見有未成者耳。』」「煩」是「頗」形譌。頗，略也，言略示其已經寫成者。《書鈔》卷100引「頗」作「頻」，亦誤。

（6）恐雄為《太玄經》，由鼠坻之與牛場也

章樵注：坻，音墀；場，音傷；皆糞也。《方言》：「梁、宋之間，蚍蜉犁鼠之場，謂之坻。」

按：坻，宋九卷本、廿一卷本、明本作「坻」，《方言》同，《景迂生集》卷19引亦同，是也。場，宋九卷本、廿一卷本誤作「場」。鼠坻喻小，牛場喻大。《法言·君子》：「仲尼之術，周而不泰，大而不小，用之猶牛鼠也。」汪榮寶曰：「《方言》載子雲《答劉歆書》云：『恐雄為《太玄經》，由鼠坻之與牛場也。』謂以《玄》擬《易》，猶以鼠擬牛也，義與此近，蓋當時有此語也。」〔註376〕

（7）而雄般之

章樵注：般，蒲官切，樂也。

按：盧文弨曰：「《古文苑》注云：『般，蒲官切，樂也。』戴本改作『服』，云：『古服字。』案雄自以為有樂乎此，聞伯松之言仍自若也。作『般』字是。」錢繹說全本盧氏〔註377〕，沈欽韓亦從章注〔註378〕。

王粲《為劉表與袁尚書》校補

（1）聞之愕然，為增忿怒

按：怒，明本、龍谿本、墨海本同，宋廿一卷本作「定」，四庫本作「㥜」。「定」當是「㥜」形譌。

（2）進有國家傾危之慮，退有先公遺恨之真

　　　　社 2002 年版，第 462 頁。

〔註376〕 汪榮寶《法言義疏》卷 18，中華書局 1987 年版，第 504 頁。

〔註377〕 錢繹《方言箋疏》，上海古籍出版社 1984 年版，第 831 頁。

〔註378〕 沈欽韓《漢書疏證》卷 33，收入《續修四庫全書》第 267 冊，上海古籍出版
　　　　社 2002 年版，第 141 頁。

按：慮，底本作缺字。宋廿一卷本作「慮」，《三國志》卷 6 裴松之注、《後漢書・袁紹傳》李賢注引同。真，宋廿一卷本作「貟」，裴松之注、李賢注、《三國志文類》卷 44 作「負」，《漢魏六朝百三家集》卷 29、《全後漢文》卷 90 作「責」。「真」、「責」皆「負」形譌。「貟」當是「負」俗譌字，晉《黃庭內景經》、唐《柳偘妻墓誌》、唐《張毖墓誌》「負」皆作「貟」〔註 379〕。敦煌寫卷 P.4093《甘棠集》：「不貟燮和之道，仍安調護之班。」「貟」即「負」。違其初心曰負，後漢人語，猶言負歉、憂慮。《後漢書・和帝紀》：「在位不以選舉為憂，督察不以發覺為負。」李賢注：「負亦憂也。」景宋本《御覽》卷 628 引作「貟」。《後漢書・章帝紀》：「自牛疫已來，穀食連少，良由吏教未至，刺史、二千石不以為負。」李賢注：「負猶憂也。」

（3）雖蒙塵垢罪，下為隸圉，析入汙泥，猶當降志辱身，方以定事為計

按：下，宋廿一卷本作「賤」，四庫本無此字。析，宋廿一卷本、四庫本作「折」。作「折」是，猶言挫折、折辱，與下句「降志辱身」呼應。

（4）若使金與金相迕，火與火相爛，則燋然摧折，俱不得其所也

按：迕，讀為啎，《說文》：「啎，逆也。」字亦作午、忤、仵，猶言抵觸。燋然，黑貌。《廣雅》：「蕉，黑也。」王念孫曰：「《列子・黃帝篇》云：『燋然肌色皯黣。』《逸周書・王會篇》：『用闟木。』孔晁注云：『闟木生水中，色黑而光，其堅若鐵。』義並與『蕉』同。」〔註 380〕

（5）今青州天情峭急

錢熙祚曰：《後漢書》、《三國志》兩注「情」並作「性」。

按：宋廿一卷本亦作「性」，《三國志文類》卷 44、《通鑑》卷 64 同。作「性」是。《三國志・朱治傳》：「權弟翊，性峭急，喜怒快意，治數責數，諭以道義。」《宋書・王准之傳》：「性峭急，頗失縉紳之望。」《廣雅》：「峭，急也。」謂嚴急。

（6）臨書愴恨，不知所言

〔註 379〕參見臧克和《漢魏六朝隋唐五代字形表》，南方日報出版社 2011 年版，第 1442 頁。

〔註 380〕王念孫《廣雅疏證》，收入徐復主編《廣雅詁林》，江蘇古籍出版社 1992 年版，第 688 頁。

　　按：愴恨，二宋本同，龍谿本、四庫本作「愴悢」。此文疑當作「愴恨」，《三國志・許靖傳》裴松之注引《魏略》載王朗與文休書曰：「臨書愴恨，有懷緬然。」《三國志文類》卷46作「愴恨」。《御覽》卷488引後漢張奐《與張公超書》：「下筆愴恨，泣先言流。」

《曹公與楊太尉書論刑楊脩》校補

（1）謹贈足下錦裘二領，八節角桃枝一枝

　　章樵注：桃枝竹為杖。

　　錢熙祚曰：《御覽》卷710引作「銀角桃枝杖一枚」，此脫「杖」字，而「枚」又誤為「枝」。

　　按：《御覽》卷710引作「銀角桃杖一枚」，錢氏引誤衍一「枝」字。宋九卷本作「八節角桃杖一枝」，《容齋隨筆》卷12引同；《書鈔》卷133引作「八節銀角桃杖一枚」，《續談助》卷4作「八節銀角桃枝一枚」，宋刊《事類賦注》卷14引作「銀角桃杖一枚」（四庫本「杖」作「枝」）。此文當作「八節銀角桃枝杖一枚」。

（2）四望通幰七香車一乘

　　錢熙祚曰：《初學記》卷25引此文「四望」上有「畫輪」二字。

　　按：《書鈔》卷141、《御覽》卷775、《事類賦注》卷16、《容齋隨筆》卷12、《續談助》卷4引無「畫輪」二字，《海錄碎事》卷5引《古今注》有「畫輪」二字。

（3）青犕牛二頭

　　按：犕，宋九卷本同，《續談助》卷4亦同，字書無考，《御覽》卷775、《事類賦注》卷16、《容齋隨筆》卷12引作「犗」（四庫本《御覽》作「犕」）。李慈銘、趙彤、劉傳鴻指出「犕」當是「犗」形譌〔註381〕。《孔叢子・陳士義》：「子欲速富，當畜五犗。」《史記・貨殖傳》《集解》、《文選・答東阿王書》李善注、《御覽》卷472引誤作「犕」。《三國志・常林傳》裴松之注引

〔註381〕 李慈銘《漢書札記》卷2，收入《越縵堂讀史札記全編》，北京圖書館出版社2003年版，第92頁。趙彤《「犗」字考辨》，《語言學論叢》第49輯，商務印書館2014年版，第209～211頁。劉傳鴻《酉陽雜俎校證：兼字詞考釋》，北京大學出版社2014年版，第554～555頁。

《魏略》：「乘薄轓車，黃牸牛。」《書鈔》卷 78、《事類賦注》卷 22 引同，《書鈔》卷 38 引誤作「㹀」。S.617《俗務要名林》：「牸，音字。」

（4）鈴苞一具

按：鈴苞，各本同，《書鈔》卷 19 引作「鈴毦」，《書鈔》卷 121、《御覽》卷 341 引作「鈴眊」（四庫本《御覽》作「鈴毦」），《續談助》卷 4 作「鈴雹」。《北史·赤土國列傳》：「每門圖畫菩薩飛仙之象，懸金花鈴毦。」《隋書·南蠻列傳》同。當作「鈴毦」為正，此指馬鞍上用罽製作的懸鈴的飾物。《廣雅》：「氀毦，罽也。」《玄應音義》卷 2 引《通俗文》：「毛飾曰毦。」王念孫曰：「《玉篇》：『氀毦，罽曲文者。』《後漢書·宦者傳》云：『金銀罽毦，施於犬馬。』罽謂之毦，故凡以毛羽為飾者通謂之毦。《晉語》注云：『鳥羽繫於背，若今軍將負毦矣。』《後漢書·西南夷傳》注云：『毦，即今馬及弓槊上纓毦也。』毦，吳琯以下諸本皆譌作『眊』，惟影宋本、皇甫本、畢本不譌。」〔註382〕「眊」是「毦」形譌字，「毦」字從茸省聲，本當作「毺」，《玄應音義》卷 12：「毺衣：而容反。《字林》：『毛罽也。』《纂文》云：『毺，以毛為飾也。』」字本作「鞩」，《說文》：「鞩，鞌毳飾也。」俗誤以「毦」從耳得聲，因讀仍吏切、人志切，非是〔註383〕。俗或又誤以「眊」從毛得聲，因妄改作「苞」或「雹」。

（5）錯綵羅縠裘一領

錢熙祚曰：《御覽》卷 693 引作「羅縠錦袍一領」。

按：宋九卷本同此本作「羅縠裘」，《書鈔》卷 129「袍」條引亦作「錦袍」。

（6）織成鞾一量

按：《玉燭寶典》卷 11 引同，《書鈔》卷 136 引作「貴室織花靴一輛」，《御覽》卷 698 引作「織成靴一量」。《書鈔》卷 19 引《魏志》「遺楊彪室鞾一量」，《魏志》無其文，當是誤記出處。《匡謬正俗》卷 7：「或問曰：『今人呼履舄屐屬之屬一具為一量，於義何耶？』答曰：『字當作兩，《詩》云『葛

〔註382〕 王念孫《廣雅疏證》，收入徐復主編《廣雅詁林》，江蘇古籍出版社 1992 年版，第 635 頁。

〔註383〕 參見鄭珍《說文新附考》卷 4，收入《續修四庫全書》第 223 冊，上海古籍出版社 2002 年版，第 304～305 頁。

履五兩』者，相偶之名，履之屬二乃成具，故謂之兩。『兩』音轉變故為『量』耳。古者謂車一乘亦曰一兩，《詩》云『百兩御之』是也，今俗音訛，往往呼為車若干量。」字亦作緉，《說文》：「緉，履兩枚也。」此履的量詞專用字。

《曹公卞夫人與楊太尉夫人袁氏書》校補

（1）貴門不遺，賢郎輔佐

錢熙祚曰：九卷本「佐」作「位」。

按：錢氏誤校，九卷本仍作「佐」，《續談助》卷4作「位」。

卷十一

董仲舒《郊祀對》校補

（1）臣犬馬齒衰，賜骸骨，伏陋巷

按：王念孫曰：「古謂里中道為巷，亦謂所居之宅為巷。故《廣雅》曰：『術，尻也。』（尻，今通作居。）術、巷古字通。《論語‧雍也篇》『在陋巷』，陋巷謂隘狹之居（《說文》：『陋，阨陝也。』今作『隘狹』。）……今之說《論語》者以陋巷為街巷之巷，非也。」〔註384〕

董仲舒《雨雹對》校補

（1）自十月以後，陽氣始生於地下，漸冄流散，故言息也；陰氣轉收，故言消也

按：漸冄，字本作「漸染」，《楚辭‧七諫‧沈江》：「日漸染而不自知兮。」王逸注：「稍積為漸，汙變為染。」《文選‧思玄賦》李善注引作「漸冄」。《玄應音義》卷16：「漸染：或作灒，同，子廉反。《廣雅》：『漸，漬也，濕也。』相染汙也。《後漢書》『墨子泣乎白絲，知漸染之易性』是也。」所引《後漢書》見《馮衍傳》《顯志賦》。

〔註384〕 參見王引之《經義述聞》卷31，江蘇古籍出版社1985年版，第732頁。又王念孫《廣雅疏證》說同，收入徐復主編《廣雅詁林》，江蘇古籍出版社1992年版，第132頁。

（2）太平之世，則風不鳴條，開甲散萌而已

按：鳴，《西京雜記》卷5同，《御覽》卷9、《事類賦注》卷2引《西京雜記》作「搖」。開甲散萌，各本同，《西京雜記》亦同，《御覽》、《事類賦注》引《西京雜記》作「開甲破萌」。疑「散」為「徹」脫誤。《禮記·月令》：「是月也，生氣方盛，陽氣發泄，句者畢出，萌者盡達。」《禮記·樂記》：「然後草木茂，區萌達。」區讀為句，「區萌達」即「句者出，萌者達」之意。晉閭邱沖《三月三日應詔》：「餘萌達壤，嘉木敷榮。」梁簡文帝《三日曲水詩序》：「上巳屬辰，餘萌達壤。」徹、達一聲之轉，「徹萌」即「達萌」，指植物的芽穿透土壤而出。《說文》：「辰，震也。三月陽氣動，靁電振，民農時也，物皆生，從乙、匕，象芒達。」《方言》卷13：「忽，達芒也。」郭璞注：「謂草杪芒射出。」芒、萌亦一聲之轉，「達芒」即「達萌」。

（3）霧不塞望，浸淫被泊而已

按：泊，《西京雜記》卷5、《埤雅》卷19引《董子》同，《初學記》卷2、《白氏六帖事類集》卷1引《西京記》亦同，《御覽》卷15引《西京雜記》作「薄」（四庫本作「泊」）。宋九卷本、廿一卷本、明成化本誤作「洎」。泊，讀為薄，附著。被泊，覆蓋附著。

（4）雪不封條，凌殄毒害而已

按：條，《埤雅》卷19引《董子》作「樹」。殄，《西京雜記》卷5、《埤雅》卷19引《董子》同，《開元占經》卷101、《錦繡萬花谷》後集卷2引作「彌」，《初學記》卷2、《類聚》卷2、《御覽》卷12、宋刊《事類賦注》卷3、《事文類聚》前集卷4、《合璧事類備要》前集卷3引《西京雜記》作「弭」（四庫本《事類賦注》作「彌」）。《侯鯖錄》卷1引作「雪不封陵，弭害消毒而已」，雖有脫誤，而「殄」字亦作「弭」。「殄」當是「弥」形誤，「弥」是「彌」俗字，「彌」與「弭」相通，猶言消除。

（5）雪至牛目

按：《呂氏春秋·開春》：「天大雨雪，至於牛目。」「牛目」亦見《戰國策·魏策二》，鮑彪注：「駕車用牛，故以及其目為深候。」于鬯引戴文光曰：「牛目，離地約四尺，故舉為雪深之證。」〔註385〕

〔註385〕 于鬯說轉引自范祥雍《戰國策箋證》，上海古籍出版社2006年版，第1320頁。

樊毅《掾臣條屬臣準書佐臣謀宏以（農）太守上祠西岳乞差一縣賦發復華下十里以內民租田口算狀》校補

（1）故魯不修大室，《春秋》示譏

錢熙祚曰：《隸釋》「示」作「作」。

按：大，《隸釋》卷 2 同，宋九卷本、廿一卷本、四庫本作「太」。示，宋九卷本、廿一卷本同，本書卷 18 樊毅《修西嶽廟記》：「世室不脩，《春秋》作譏。」《隸釋》卷 2 同，亦作「作」字。「大」、「太」古今字，「世」、「大」古通用，「世室」亦即「大（太）室」，「世子」即「大（太）子」，是其比也。

（2）雪未消釋

按：釋，宋九卷本、廿一卷本作「澤」，《隸釋》卷 2 同，借字。

卷十二

董仲舒《山川頌》校補

此文亦見《董子》（即《春秋繁露》），盧文弨、蘇輿等各有校說〔註386〕。

（1）孔子曰：「山川神祇立，寶藏殘。」

章樵注：《中庸》曰：「寶藏興焉，貨財殖焉。」殘，恐當作「戔」，委積貌。《易》「束帛戔戔」，財干、則前二切，《繁露》作「殖」。

按：祇，宋九卷本、廿一卷本、龍谿本作「祇」，《董子》同。「祇」是正字。蘇輿曰：「《說苑·雜言篇》：『夫山……草木生焉，萬物立焉，飛禽萃焉，走獸休焉，寶藏殖焉。』官本云：『殖，他本誤作殖。』」《御覽》卷 38 引《尚書大傳》：「孔子曰：夫山者嵬嵬然，草木生焉，鳥獸蕃焉，財用殖焉。」又引《韓詩外傳》：「夫山，萬人之所觀仰，材用生焉，寶藏植焉，飛禽萃焉，走獸伏焉。」（《初學記》卷 5 引略同，今本《韓詩外傳》卷 3「寶藏植」作「萬物植」）。「植」通「殖」。

（2）大者可以為宮室臺榭，小者可以為舟輿浮灄

〔註386〕蘇輿《春秋繁露義證》卷 16，中華書局 1992 年版，第 423～425 頁，盧文弨說亦見此書。

章樵注：瀟，書涉反。浮瀟，桴筏之類。

按：浮瀟，《董子》同。盧文弨曰：「浮瀟，疑『桴楫』之誤。」董天工逕改作「桴楫」〔註387〕。蘇輿曰：「《淮南·主術訓》：『大者以為舟航柱梁，小者以為楫楔。』王念孫云：『楫楔，《集韻》引作接榍，小梁也。亦見《莊子·在宥篇》。』案『浮瀟』無義，疑亦『接榍』之訛，『桴楫』則與『舟』複矣。凌本『瀟』作『楫』。」桴，小筏，字亦作泭、艀。瀟，讀為榌，古音聶、世相通。榌，船旁板或船槳，也代指船。

（3）大者無不中，小者無不入

按：入，亦中也，讀去聲，猶言適合。《淮南子·主術篇》：「譬猶方員之不相蓋，而曲直之不相入。」高誘注：「入，中。」

（4）持斧則斫，折鐮則艾

章樵注：《漢書·五行志》：「國未艾也。」師古曰：「艾讀曰刈，刈，絕也。」

按：折鐮則艾，各本同，《董子》亦同，獨宋九卷本誤作「拆鑠則艾」。盧文弨曰：「折，疑當作『持』。」蘇輿從盧說，董天工逕改作「持」。盧、董二氏改字無據。折，讀為挈，亦持也。古音折、丰（㓞）相通，另詳卷3枚乘《梁王菟園賦》校補。《說文》：「挈，縣（懸）持也。」又折、提亦一聲之轉，並音近義同。

（5）生人立，禽獸伏，死人入

按：蘇輿曰：「《荀子·堯問篇》：『禽獸育焉，生則立焉，死則入焉。』《說苑·臣術篇》同。」定縣漢簡《儒家者言》略同《荀子》。此董子所本。禽獸伏，《韓詩外傳》卷3作「走獸休焉」，「休」為「伏」形誤，《初學記》卷5（二引）、《御覽》卷38、《記纂淵海》卷65引「休」字皆作「伏」，《說苑·雜言》亦作「伏」。本書卷15揚雄《上林苑令箴》：「山有陘陸，野有林麓。夷原污藪，禽獸攸伏。」亦作「伏」字。

（6）多其功而不言

按：蘇輿曰：「不言，猶功多而不自以為德也。《荀子》作『不息』，蓋『不

悪』之誤。《家語》作『不意』，亦非。《韓詩外傳》、《說苑·臣術篇》並作『不言』。」蘇輿謂「不息」、「不意」乃「不悪」之誤，說本王引之〔註388〕。《御覽》卷37引《荀子》作「不得」，「得」同「德」。定縣漢簡《儒家者言》亦作「不言」，謂不以求譽，與「不德」義近。《史記·日者列傳》:「多其功利，不求尊譽。」

（7）水則源泉混混泫泫，晝夜不竭，既似力者

錢熙祚曰：《繁露》「泫泫」作「沄沄」。

按：盧文弨曰：「《說苑·雜言篇》凡『既』字皆作『其』。」既，讀為其。混混泫泫，宋九卷本、廿一卷本同。《董子》作「沄沄」，注：「『沄沄』二字，《黃氏日鈔》所引同，他本誤作『沄沄』。」漢魏叢書本、崇文書局叢書本、乾隆刻本作「沄沄」。「沄沄」是「沄沄」形譌。《說文》:「沄，轉流也。從水云聲，讀若混。」「沄沄」即「混混」、「渾渾」轉語，董子又合言之。北大漢簡《蒼頡篇》簡13「泫沄孃姪」，「混混泫泫」即此簡「泫沄」重文。《說苑·雜言》作「泉源潰潰」，「潰潰」即「混混」音轉，則不作重言。此作「泫泫」，亦「混混」、「渾渾」轉語。本書卷18王延壽《桐柏廟碑》:「泫泫淮源，聖禹所導。湯湯其逝，惟海是造。」黃生曰：「『泫泫』疑借『混混』（音滾），用《孟子》『原泉混混』意。後又有『□□晝夜』句，必是『不舍晝夜』，益可證『泫泫』之為『混混』也。」〔註389〕

（8）盈科後行，既似持平者

按：段玉裁曰：「盈科為盈等也。」又曰：「窠，空也，雙聲為訓，其字亦作竅，高誘曰：『竅，空也』是。或借『科』為之，《孟子》『盈科而後進』是。」〔註390〕朱駿聲曰：「窠，《孟子》『盈科而後進』，以『科』為之。或曰：科借為坎。」〔註391〕段氏後說及朱說是也。《廣雅》:「科，空也。」王念孫曰：「《說文》:『窠，空也。一曰鳥巢也。穴中曰窠，樹上曰巢。』《孟子·離婁篇》『盈科而後進』，趙岐注云：『科，坎也。』義並相近。『科』與『竅』聲亦相近，高誘注《淮南子·原道訓》云：『竅，空也。』」〔註392〕

〔註388〕參見王念孫《讀書雜志》卷12，中國書店1985年版，本卷第34～35頁。
〔註389〕參見黃生《義府》卷下，收入《字詁義府合按》，中華書局1954年版，第250頁。
〔註390〕段玉裁《說文解字注》，上海古籍出版社1981年版，第327、345頁。
〔註391〕朱駿聲《說文通訓定聲》，武漢市古籍書店1983年版，第480頁。
〔註392〕王念孫《廣雅疏證》，收入徐復主編《廣雅詁林》，江蘇古籍出版社1992年版，第256頁。

（9）赴千仞之壑而不疑，既似勇者

按：上句，《董子》作「赴千仞之壑石而不疑」，《荀子・宥坐》作「其赴百仞之谷不懼」，《大戴禮記・勸學》作「其赴百仞之谿不疑」，《說苑・雜言》作「其赴百仞之谷不疑」，《韓詩外傳》卷 3 作「蹈深不疑」，《家語・三恕》作「流行赴百仞之嶸而不懼」。「石」是「谷」形譌。蘇輿曰：「疑，猶恐也。《列女傳・貞順篇》『夫人守節，流死不疑』，義與此同。」蘇氏說當本於王氏父子。王念孫曰：「疑者恐也。」王引之曰：「恫疑，恐懼也。」王氏引《荀子》、《大戴》異文為證，舉證甚多〔註393〕，茲略。

班固《車騎將軍竇北征頌》校補

（1）蹈佐歷，握輔搽

章樵注：佐歷，謂佐世之臣名應曆數。搽，初責反，扶搽，也。言國之所倚，如扶搽之有衣。

按：注「有衣」，宋廿一卷本作「有杖」。「衣」當作「依」。搽，明本、龍谿本、墨海本同，宋九卷本作「擦」，宋廿一卷本、四庫本作「搽」，《文選補遺》卷 37 作「榛」。「擦」是「搽（搽）」形譌。「搽（搽）」又是「搽」俗字，「搽（搽）」、「榛」是「策（筴）」增旁俗字。「輔搽」即「輔策」，輔佐之策。《文選補遺》注：「『榛』字，檢諸家書皆無此一箇『榛』字，惟《玉篇》載此『栅』字，註云：『編豎木也。』疑此『榛』字與此『栅』字通。」非是。

（2）翼肱聖上，作主光輝

按：作，讀為佐。《老子》第 30 章：「以道佐人主。」景龍碑本「佐」作「作」。《廣韻》「作」、「佐」同音側箇切，《集韻》同音子賀切。

（3）閔遐黎之騷狄，念荒服之不庭

章樵注：荒服，指匈奴。庭，直也。《書》：「四征弗庭。」注：「征討諸侯之不直者。」

按：騷，讀為慅；狄，讀為愁，字亦作惕，都是恐懼、憂愁義，同義連文。

〔註393〕參見王念孫《讀書雜志》卷 3、卷 16，中國書店 1985 年版，本卷第 61～62、32 頁。

（4）金光鏡野，武旗胥蜺

錢熙祚曰：九卷本「胥」作「胃」。又《類聚》引作「武旗冒日，雲黯長霓，鹿走黃磧」。

按：《類聚》見卷 59，《文選補遺》卷 37 引同。胥蜺，龍谿本、墨海本同，宋九卷本作「骨蜺」，廿一卷本作「胃蜺」，明本作「胥蜺」（《東漢文紀》卷 10 同），四庫本作「冒日」（《韻補》卷 5「闕」字條引同），《漢魏六朝百三家集》卷 11 作「冒蜺」。《玉海》卷 145 引作「骨蜺」，又卷 194 引作「冒蜺」。二宋本「骨」當是「胃（冒）」字。當作「冒蜺」為是，「胥」、「骨」都是「胃（冒）」形誤。冒，讀為纓，纏繞也，掛繫也，字亦作羂、繯、羅、纙。《說文》：「纓，落也。」「落」同「絡」。蜺，讀為霓，虹霓。

（5）放獲驅孥，揣城拔邑

按：揣，讀為隉，字亦作隓、隓、墮，毀壞也。

（6）同庖廚之珍饌，分裂室之纖帛

按：裂室，《文選補遺》卷 37、《文章辨體彙選》卷 459 作「列室」。裂、列，讀為連。連室，形容所分賜的纖帛很多。

（7）悊蒙識而惧戾順，貳者異而懦夫奮

按：異，讀為翼，奉戴、擁護。悊，讀作紕、誰。《廣雅》：「誰、迷，誤也。」《玉篇殘卷》：「誰，或為悊字。悊，誤也，謬也，在《心部》。」《集韻》：「誰、悊，錯繆也，或从心，通作紕。」

（8）籍庭蹈就

章樵注：預集單于之庭，竟蹈而就之，言其不勞餘力也。

按：注「預集」，當據宋廿一卷本作「預籍」。就，各本同，四庫本作「蹴」。籍庭蹈就，《文選補遺》卷 37、《文章辨體彙選》卷 459「庭」上有「龍」字，《全後漢文》卷 26「庭」上作缺文。籍，讀作踖，字亦作蹐、藉，踐踏也。就，讀為蹴，亦蹈踏義。慎校本《抱朴子內篇・對俗》：「入淵不沒，就刃不傷。」敦煌本、宋紹興本、道藏本、魯藩本作「蹴」〔註394〕，《意林》卷 4

〔註394〕 敦煌原卷已毀於 1923 年日本關東地震，日本田中慶太郎《古寫本〈抱朴子〉》
有影印，文求堂書店大正 12 年（1923）出版；《子藏・道家部・抱朴子卷》

引同，敦煌寫卷 S.1380《應機抄》引《神仙傳》作「踐」。

（9）疆獢靖嵉

章樵注：嵉，一作「溟」。以靖嵉為疆，而田獵其中。靖嵉，音靖瞑。

按：注「溟」，宋九卷本、廿一卷本作「塸」；注「靖嵉」、「靖瞑」，宋廿一卷本作「靖塸」、「靖瞑」。獢，宋九卷本、廿一卷本同，四庫本作「獵」。章注音靖瞑，則「嵉」當從冥得聲，是「嵉」形譌。「獢」是「獵」俗譌字，字亦作蹻，猶言經歷、越過。「靖嵉」疊韻字，當是山名。P.2011 王仁昫《刊謬補缺切韻》：「黗，黗黮。」又「黮，黗黮，青黑色。」P.3694《箋注本切韻》：「黮，黗黮，青黑。」《玉篇》：「黗，黗黮。」又「黮，黗黮，青黑色也。」《集韻》：「黗，黗黮，赤黑色。」又「黮，黗黮無色。」「靖嵉」是「黗黮」、「黮黗」同源詞，昏暗不明貌，用以狀山之高峻，因取作山名。《廣韻》引《字林》：「睛，眳睛，不悅目皃。」P.2011 王仁昫《刊謬補缺切韻》：「眳，眳睛。」「眳睛」亦「黗黮」轉語（名、冥古同音相通），指眼目視人發暗，故為不悅目皃，字則改從目旁。酒醉而糊塗曰「酩酊」、「佲芋」、「茗芋」、「偡酊」，取義亦同。疆，疆界。言漢之疆界越過了靖嵉山。

（10）軼焉居與虞衍，顧衛霍之遺迹

按：焉居，疑讀作「焉支」、「焉耆」，山名。「居」古音讀「其」，與「支」音近。

（11）士怫愲以爭先

章樵注：怫愲，音佛胃，不安貌。

按：《文選補遺》卷 37 作「弗愲」。字亦作「胇胃」、「沸渭」、「沸愲」〔註395〕，《文選·洞簫賦》：「故其武聲，則若雷霆輘輷，佚豫以沸愲。」李善注：「《埤蒼》曰：『怫愲，不安貌。』沸或為潰，扶味切。愲，音謂。」五臣本作「沸渭」，《書鈔》卷 111 引同。P.2011 王仁昫《刊謬補缺切韻》：「怫，怫愲。」又「愲，怫愲，不安。」狀氣概蘊積不安貌，猶言慷慨。音轉則為「怫鬱」、「弗鬱」、「佛鬱」、「拂鬱」、「沸鬱」、「茀鬱」、「勃鬱」等形〔註396〕，

第 1 冊復複印文求堂本，國家圖書館出版社 2016 年版，第 41 頁。

〔註395〕 參見蕭旭《「窮奇」名義考》，收入《群書校補（續）》，花木蘭文化出版社 2014 年版，第 2202 頁。

〔註396〕 參見朱起鳳《辭通》卷 16、22，上海古籍出版社 1982 年版，第 1733～1734、

倒言則作「鬱怫」、「鬱拂」、「鬱㟪」、「巒岪」、「鬱勃」。

（12）回萬里而風騰，劉殘寇於沂垠

章樵注：劉，一作「剹」。劉，殺也。《詩》：「勝殷遏劉。」「剹」與「劉」同。

按：注「一作剹」，宋廿一卷本、明本同，宋九卷本「剹」作「剹」，四庫本作「剹」。注「剹與劉同」，宋廿一卷本作「剹與剹同」。垠，宋廿一卷本同，宋九卷本誤作「根」，《全後漢文》卷 26 誤同。沂垠，讀作「圻垠」。《說文》：「垠，地垠也，一曰岸也。圻，垠或從斤。」《淮南子·俶真篇》高誘注亦曰：「圻，垠字也。」圻、垠一字，班氏又複合成詞，古人自有此語。《漢書·敘傳》《答賓戲》：「漢良受書於邳沂。」《文選》「沂」作「垠」。漢《帝堯碑》：「億不殄兮祉無沂。」漢《孔彪碑》：「永永無沂，與日月并。」「沂」亦借為「圻」。

黃香《天子冠頌》校補

《初學記》卷 14、《通典》卷 56、《御覽》卷 540、《玉海》卷 82 引此文。

（1）既臻廟而成禮，乃迴軫而反宮

按：軫，宋九卷本、廿一卷本同，《通典》《玉海》引亦同，宋刊《初學記》引作「軦」（古香齋本作「軫」），《御覽》引作「輪」。反，古香齋本《初學記》引誤作「及」。「軦」是「軫」俗譌字，「輪」則是形譌字。《通典》、《玉海》引「既臻廟」句上有「皇輿幸夫金根，六玄虯之連蜷，建螭龍以為旂，鳴節路之和鑾」四句，《玉海》卷 79 單引此四句。

（2）正朝服以享宴，撞太蔟之蕤鐘

錢熙祚曰：「蕤」字誤，《初學記》、《御覽》並作「庭鐘」。

按：蕤，各本作「簇」，古香齋本《初學記》、《御覽》、《玉海》引同。宋九卷本、廿一卷本作「蕤鐘」，《通典》、《玉海》引亦作「庭鐘」。

（3）作蕃屏而鼎轉，既夷裔之君王

2361～2362 頁。

錢熙祚曰：「轉」字誤，《初學記》作「輔」，《御覽》同。「既」字誤，《初學記》作「曁」，《御覽》同。

按：作，宋九卷本、廿一卷本作「祚」，《初學記》、《通典》、《御覽》、《玉海》引同。轉，宋九卷本、廿一卷本同，《通典》、《玉海》引亦作「輔」。而，《初學記》、《御覽》引同，《通典》、《玉海》引作「與」。「祚」當作「作」，作為。魏《李挺妻劉幼妃墓誌》：「廣樹懿親，世為蕃屏。」齊天保八年《高叡修定國寺塔銘碑》：「入作股肱，出為蕃屏。」「蕃屏」也作「藩屏」，《詩·板》：「價人維藩，大師維垣。大邦維屏，大宗維翰。」漢《景君碑》：「羽衛藩屏，撫萬民兮。」「作蕃屏」即「維藩維屏」，亦即「為蕃屏」之誼也。「而」當作「與」，「轉」當作「輔」。宋九卷本、廿一卷本、明成化本作「既」，《通典》、《玉海》引亦作「曁」。既，讀為曁，及也〔註397〕，不是誤字。

傅咸《皇太子釋奠頌》校補

《類聚》卷38、《初學記》卷14、《記纂淵海》卷76、《玉海》卷113引此文。

（1）乃修嘉薦，于國之雍

錢熙祚曰：《類聚》卷38「修」作「備」。又此上有「生而知之，上于皇儲。以能而問，處實若虛。爰雕聖章，玉采是敷。」凡二十四字，章氏失於採錄。

章樵注：嘉薦，謂牲、醴、葅、醢之屬。雍，太學，天子曰辟雍。

按：此上《玉海》亦引「以能而問，處實若虛。爰雕聖章，王采是敷」四句。修，《記纂淵海》引同；宋廿一卷本、明本作「脩」，宋刊《初學記》引同（古香齋本、四庫本作「修」）；《玉海》引亦作「備」。「修」同「脩」，「脩」是「備」形譌。《初學記》卷5引唐富嘉謩《明冰篇》：「安知採斲備嘉薦，陰房固沍掩寒扇。」

（2）敬享先師，以疇聖功

錢熙祚曰：「疇」字誤，當依《初學記》作「酬」。

按：錢氏所據《初學記》乃古香齋本。宋廿一卷本作「疇」，宋刊《初學記》、《類聚》、《記纂淵海》、《玉海》引同，《漢魏六朝百三家集》卷46作

〔註397〕參見裴學海《古書虛字集釋》，中華書局1954年版，第425～426頁。

「酬」。疇，讀作酬。

（3）濟濟儒生，优优胄子

按：优优，《初學記》引同（凡二引），《玉海》引作「莘莘」，一聲之轉。

王粲《太廟頌》校補

（1）丕顯丕欽，允時祖考

按：顯，宋九卷本作「明」，《初學記》卷 13 引同。

（2）六佾奏，八音舉

按：佾，宋刊《初學記》卷 13 引誤作「府」，古香齋本誤作「拊」。

邯鄲淳《魏受命述》校補

《類聚》卷 10、《書鈔》卷 4 引此文。

（1）章樵注：邯鄲淳，三國魏人，一名竺，字于叔。

按：于叔，各本同，惟龍谿本作「干叔」，皆誤。《魏志·邯鄲淳傳》裴松之注引《魏略》：「淳，一名竺，字子叔。」《書鈔》卷 67 引《魏略》同，《類聚》卷 48 引《魏略》作「子淑」。則「于」是「子」形譌。

（2）其有天下也，恭己以受天子之籍，無為而四海順風

按：籍，讀為阼，位也〔註398〕。

（3）有禪而帝，有代而王，禪代雖殊，大小絲同

按：大小，《類聚》引同，宋九卷本、廿一卷本、龍谿本、四庫本作「小大」。絲，讀為攸，古音同，猶所也。

（4）帥義翼漢，奉禮不越

〔註398〕 參見顧炎武《唐韻正》卷 19，收入《叢書集成三編》第 27 冊，新文豐出版公司 1997 年印行，第 805 頁。王念孫《讀書雜志》卷 10，中國書店 1985 年版，本卷第 90 頁。朱駿聲《說文通訓定聲》，武漢市古籍書店 1983 年版，第 464 頁。章太炎《文錄》卷 2《與簡竹居書》，收入《章太炎全集（4）》，上海人民出版社 1985 年版，第 165 頁。劉師培《左盦外集》卷 7《古本字考》、《釋「籍」》，並收入《劉申叔遺書》，第 1455、1465 頁。

章樵注：言曹操統帥義師，翼戴漢宗，不失臣禮。

按：帥，《類聚》引誤作「師」。「帥」同「率」，循也。率義，遵循道義。章注未允，《全三國文》卷 26 從誤字作「師」，失考矣。

（5）旅力戮心，茂亮洪烈

錢熙祚曰：《類聚》作「飭躬戮力」。

按：旅力戮心，各本同，宋刊《類聚》引作「飭躬勁力」，四庫本「勁」作「戮」，錢氏所據乃俗本。旅，俱也，同也。《禮記·樂記》鄭玄注：「旅，猶俱也。」戮，讀為勠。《說文》：「勠，并力也。」引申為和合、一同。《慧琳音義》卷 61 引《文字典說》：「勠，一心也。」洪，《類聚》引作「弘」。又按：《方言》卷 6：「膂，力也，宋魯曰膂。膂，田力也。」《廣雅》：「膂，力也。」戴震曰：「膂亦通作旅。《詩·小雅》：『旅力方剛。』毛傳：『旅，眾也。』失之。『田』諸刻訛作『由』，今改正。」〔註399〕王念孫曰：「戴先生云云。謹案：《大雅·桑柔篇》云：『靡有旅力。』《秦誓》云：『番番良士，旅力既愆。』《周語》云：『四軍之帥，旅力方剛。』義並與『膂』同。膂、力一聲之轉，今人猶呼力為膂力，是古之遺語也。舊訓旅為眾，皆失之。」〔註400〕P.3776《雜集時用要字》：「膂力：強壯。」此「旅（膂）力」與本文不同。

（6）樹深根以厚基，播醇澤以釀味

按：基，樹根，本根，基、荄一聲之轉。《爾雅》：「荄，根。」《易·明夷》：「箕子之明夷。」《釋文》引劉向云：「今《易》『箕子』作『荄滋』。」字亦作萁，北大漢簡（三）《儒家說叢》：「辟（譬）若秋蓬之美其支（枝）葉而惡其根萁也。」《文子·符言篇》作「根荄」。

（7）三神宣釐，四靈順方

按：宣，《類聚》引形譌作「宜」。《全三國文》卷 26 從誤字作「宜」，失考矣

（8）爾乃鳴玉陟壇，三揖以俟

按：陟，《類聚》引同，《書鈔》引誤作「設」。

〔註399〕戴震《方言疏證》卷 6，收入《戴震全集（5）》，清華大學出版社 1997 年版，第 2382 頁。

〔註400〕王念孫《廣雅疏證》，收入徐復主編《廣雅詁林》，第 115 頁。

（9）既受休命，龍旋鳳峙

按：峙，《類聚》引同，《書鈔》引作「時」，借字。

（10）煌煌厥耀，穆穆容止

錢熙祚曰：《類聚》「耀」作「輝」，九卷本亦作「輝」。

按：耀，宋廿一卷本同，《類聚》引作「暉」，錢氏失校。

（11）既受帝位，納璽要綬

按：受，《類聚》引作「踐」。

卷十三

王粲《正考父贊》校補

（1）誰能不忘，申茲約敬

按：茲，宋刊本《初學記》卷 17 引同，古香齋本作「慈」。申慈約敬，即「申約慈敬」，言以慈敬申明而約束之也。「申約」是漢晉人成語。

張超《尼父贊》校補

孔丘字仲尼。「尼」與「丘」字義相應，稱「尼父」或「尼甫」者，「父（甫）」是男子之美稱。《說文》：「丘，一曰四方高中央下為丘。」又「屔，反頂受水丘也。」《繫傳》：「反頂謂凡地及頂當高，今反下，故曰反頂。《白虎通》曰：『孔子反宇。』象尼丘山，謂四方高中央窊下也。尼即泥也。」「尼」是「屔」省文，漢碑又作「仲泥」〔註401〕。

（1）量合乾坤，明參日月

按：量，宋廿一卷本同，《類聚》卷 20、古香齋本《初學記》卷 17 引同；宋九卷本誤作「景」，宋刊《初學記》引誤同（《喻林》卷 81 引《初學記》同）。《文選・七啟》李善注引作「合量乾坤，參曜日月」，又《西征賦》李善注引「合量乾坤」一句。參，同「三（叁）」。言其明與日、月為三，即明與日、月相並。《國語・越語下》：「夫人事必將與天地相參。」韋昭注：「參，三也。」

〔註401〕　參見惠棟《惠氏讀說文記》，段玉裁《說文解字注》，並收入丁福保《說文解字詁林》，中華書局 1988 年版，第 8290 頁。

《漢書・揚雄傳》：「參天地而獨立兮。」顏師古注：「參之言三也。」馬王堆漢簡《十問》：「壽參日月，為天地英。」亦此義。

蔡邕《焦君贊》校補

《類聚》卷 36、北宋米芾《寶晉英光集》卷 7《焦山普濟院碑》、南宋史彌堅《嘉定鎮江志》卷 7、元脫因《至順鎮江志》卷 19《潤州類集》、《漢魏六朝百三家集》卷 18 各載此文。

（1）鶴鳴九皋，音亮帝側

按：《寶晉英光集》作「寅亮」。音，讀為寅，一聲之轉，古音影母、喻母相轉，有學者指出侵部、真部可以通轉〔註402〕。《書・周官》：「貳公弘化，寅亮天地，弼予一人。」孔傳：「副貳三公，弘大道化，敬信天地之教，以輔我一人之治。」《後漢書・竇憲傳》班固《封燕然山銘》：「寅亮聖皇，登翼王室。」

（2）不惟一志，并此四國

按：二句各本同，《類聚》引亦同，並誤。《寶晉英光集》、《嘉定鎮江志》、《至順鎮江志》、《百三家集》作「不遺一老，屏此四國」，是也。許瀚曰：「『不遺一老，屏此四國』，《藝文》、《古文苑》作『不惟一志，并此四國』。劉本『惟』作『獲』，餘同，蓋出喬本。似皆遜此本。此或從張本歟？」〔註403〕《左傳・哀十六年》：「昊天不弔，不憖遺一老，俾屏余一人以在位。」即此文所本。

（3）如何穹蒼，不詔斯或

按：不詔斯或，各本同，宋刊《類聚》引同（四庫本「或」作「惑」），章樵注謂「焦山石刻作『不照斯惑』」，《寶晉英光集》、《嘉定鎮江志》、《至順鎮江志》作「不詔斯惑」，《蔡中郎集》卷 6、《百三家集》作「不照斯域」，《東漢文紀》卷 23 作「不照西域」。許瀚曰：「不照斯域，《藝文》作『不照斯惑』，《古文苑》『惑』作『或』，亦皆遜此本。『或』即『域』之本字。」〔註404〕此文「不詔斯或」，讀作「不照斯域」。

〔註402〕 參見王志平、孟蓬生、張潔《出土文獻與先秦兩漢方言地理》，中國社會科學出版社 2014 年版，第 205～236 頁。
〔註403〕 許瀚《楊刻蔡中郎集校勘記》，齊魯書社 1985 年版，第 130 頁。
〔註404〕 許瀚《楊刻蔡中郎集校勘記》，齊魯書社 1985 年版，第 131 頁。

班固《高祖沛泗水亭碑銘》校補

《類聚》卷 12 引此文。

（1）承魖流裔，襲唐末風

章樵注：魖，一作「魁」，又作「累」。陶唐氏之後曰劉累，學擾龍，以事孔甲，故在夏為御龍氏。魖，合作「累」。

按：《類聚》引作「魁」，與一本合；《韻補》卷 2「風」字條、《玉海》卷 60 引作「累」，與又一本合。

（2）寸天尺土，無竢斯亭

錢熙祚曰：「天」字誤，九卷本作「木」，與《類聚》合。

按：天，宋廿一卷本亦作「木」，《韻補》卷 2「風」字條及「亭」字條、《玉海》卷 60 引同。竢，龍谿本作「俟」，《玉海》引同。

（3）建號軍基，維以沛公

錢熙祚曰：「軍」字誤，九卷本作「宣」，與《類聚》合。

按：宋廿一卷本、龍谿本、四庫本亦作「宣」，《東漢文紀》卷 10、《漢魏六朝百三家集》卷 11 同。

（4）涉關陵郊，係獲秦王

章樵注：陵郊，一本作「陵霸」。

按：《類聚》引作「凌灞」。

（5）天期乘祚，受爵漢中

按：期，運命，氣數。天期，猶言天命。乘祚，讀作「承祚」，承受帝位。本書卷 20 楊雄《元后誄》：「胤嗣匱生，哀帝承祚。」《魏志·明帝紀》注引《獻帝傳》：「爰及文皇帝，齊聖廣淵，仁聲旁流，柔遠能邇，殊俗向義，乾精承祚……克厭帝心。」

（6）勒陳東征，剗擒三秦

章樵注：剗，音掇，擊也，又拾也。

按：勒陳東征，《類聚》引作「勒兵陳東」。擒，《類聚》引作「禽」。剗，讀為掇。《廣雅》：「掇，取也。」此謂獲取。

（7）出爵褒賢，列士封功

錢熙祚曰：「士」當作「土」，九卷本尚不誤。

按：列士，宋廿一卷本、四庫本作「裂土」，《東漢文紀》卷 10、《漢魏六朝百三家集》卷 11 同；龍谿本作「列土」，《類聚》、《玉海》卷 135 引同。

（8）源清流潔，本盛末榮

章樵注：榮，一作「長」。

按：榮，宋刊《類聚》引作「弘」（四庫本作「宏」）。

班固《十八侯銘》校補

（1）蹇蹇相國，允忠克誠

章樵注：蹇蹇，忠節貌。《易》：「王臣蹇蹇，匪躬之故。」

按：章注非是。二語贊曹參。《廣雅》：「蹇蹇，難也。」此指言語不流利，即口吃義，《漢書·曹參傳》說曹參「訥於文辭，謹厚長者」，「訥於文辭」即此所指。字亦作謇、謇，《方言》卷 10：「謇，吃也，楚語也。」《玄應音義》卷 7、9、21、23 引作「謇」；卷 21 又引《通俗文》：「言不通利謂之蹇吃。」

（2）遭兄食其，隕歿於齊

按：遭兄食其，宋九卷本作「遭兵食骸」，《全後漢文》卷 26 同。「兵」是「兄」形譌，「骸」是「其」音譌。《全後漢文》獨從誤本，疏甚矣。北大漢簡（三）《儒家說叢》：「辟（譬）若秋蓬之美其支（枝）葉而惡其根萁也。」《文子·符言篇》作「根荄」。《易·明夷》：「箕子之明夷。」《釋文》引劉向云：「今《易》『箕子』作『荄滋。』」《淮南子·時則篇》：「爨萁燧火。」高誘注：「萁，讀該備之該。」《韻補》卷 1「皆」字條：「古皆、荄與箕音同。」皆其音轉之證。

（3）奉使全璧，身詘項營

章樵注：詘，作「涉」。

按：詘，讀為屈。《漢書·韓王信傳》：「信與周苛等守滎陽，楚拔之，信降楚。已得亡歸漢，漢復以為韓王，竟從擊破項籍。」身屈項營，謂韓王信降楚之事。

（4）邑邑將軍，育養烝徒

　　章樵注：邑邑，謙抑貌。

　　按：邑邑，讀作「抑抑」，威儀貌。《詩・賓之初筵》：「其未醉止，威儀抑抑。」毛傳：「抑抑，慎密也。」馬瑞辰曰：「此傳慎密，猶慎審也。」〔註405〕一說，軒昂貌。《文選・漢高祖功臣頌》：「抑抑陸生，知言之貫。」張銑注：「抑抑，昂藏貌。」

（5）建謀正直，行不匿邪

　　錢熙祚曰：九卷本「匿」作「匡」。

　　按：九卷本注：「匡，一作匿。」宋廿一卷本、明本作「匿」。「匡」是「匿」形譌。匿，讀為慝。也倒言作「邪慝」、「邪匿」，《孟子・盡心下》：「經正則庶民興，庶民興，斯無邪慝矣。」唐《任茂宏墓志》：「生靈是寄，邪匿屏蹤。」《法苑珠林》卷48：「攝意惟正，邪匿不生。」

（6）入軍討敵，項定天都

　　按：項，宋九卷本、廿一卷本同；明本、龍谿本作「頂」，《東漢文紀》卷10、《漢魏六朝百三家集》卷11同；《文章辨體彙選》卷451作「鼎」，宋許月卿《百官箴》卷2引作「頃」。「項」、「頃」皆「頂」形譌。頂，讀為鼎。鼎定，猶言定鼎，比喻定立國都。

傅毅《車右銘》校補

（1）越戒敦約，禮以華國

　　錢熙祚曰：約，《御覽》作「儉」。

　　按：《類聚》卷71、古香齋本《初學記》卷25、《御覽》卷773引作「越戒敦儉」，宋刊《初學記》引誤作「起式則撿」。

傅毅《車後銘》校補

（1）雖有三晉，欿然若虛

　　按：欿然，宋九卷本、廿一卷本作「咸然」，《類聚》卷71、《御覽》卷773引同。作「咸」蓋其古本，後人易作「欿」。咸，讀為欿。欿然，不足貌。敦煌寫卷P.2915：「至孝等情深地咸，意重天崩。」P.4062「咸」作「陷」。

〔註405〕馬瑞辰《毛詩傳箋通釋》卷22，中華書局1989年版，第753頁。

上海圖書館藏敦煌寫卷 028《歡喜國王緣》：「命即隨陷。」《法句經》卷上「陷」作「滅」。「輱軻」或作「塪軻」、「輡軻」，「啗」或作「喊」。皆其音轉之證。虛者，不足也，故云「欿然若虛」。上句「抑盈以無」，「盈」與「無」相對，嚴遵《道德真經指歸·方而不割章》「盈若無有」，是其證也。

張衡《綬笥銘》校補

（1）懿矣茲笥，爰藏寶珍

按：寶珍：《初學記》卷 26 引同，《初學記》卷 20、《錦繡萬花谷》後集卷 18 引作「寶神」。《全後漢文》卷 55 作「寶紳」，乃誤鈔《初學記》所致。

胡廣《笥銘》校補

《初學記》卷 26、《書鈔》卷 131 引此文。

（1）休矣斯笥，凡器為式

按：休矣，《初學記》引同，《書鈔》引誤作「伏以」。

（2）受相君子，承此印紱

錢熙祚曰：《初學記》「紱」作「綬」，然並不合韻。

按：印紱，宋刊本《初學記》卷 26「綬第四」條引同，古香齋本《初學記》引作「印綬」，《書鈔》卷 131「綬十五」引作「綬紱」，然則當作「綬紱」為是。「紱」字合韻。

（3）帝命所吝，用褒令德

章樵注：吝，謂不輕以畀人，有德者則褒錫之。

錢熙祚曰：《初學記》「吝」作「賚」，《書鈔》亦作「賚」。

按：宋刊《初學記》引作「吝」，古香齋本、四庫本引作「賚」。陳本《書鈔》引作「賚」，孔本《書鈔》引作「族」。

（4）佩以自修，服以自勑

按：佩，宋刊《初學記》、《書鈔》引同，古香齋本、四庫本《初學記》引作「備」，古音通。服，《初學記》引作「所」，《書鈔》引作「鑿」。

胡廣《印衣銘》校補

（1）克厭帝心，膺茲多福

錢熙祚曰：《初學記》作「克常厥心」，《書鈔》同。

按：厭，宋廿一卷本作「猒」。錢氏所據乃古香齋本《初學記》，宋刊本作「克厭常心」；孔本《書鈔》引仍作「克厭帝心」。「常」乃「帝」形譌。

崔駰《仲山甫鼎銘》校補

（1）獻酬交錯，萬囝咸歡

章樵注：囝，古「國」字。或云王莽所改。

按：囝，宋九卷本同，宋廿一卷本作「囶」，明本、四庫本作「囶」，《類聚》卷 73、《玉海》卷 89 引作「國」。「國」正字，餘皆俗字。《正字通》：「唐武后時有言國中或，或者，惑也，乞以武鎮之，改為『圀』。復有言武在口中，與困何異，改為『囝』。」其說非也，「囝」非武后新造字〔註 406〕。

崔駰《韈銘》校補

韈，宋九卷本、廿一卷本、明本作「襪」，《類聚》卷 70、《初學記》卷 4引亦作「襪」，《玉燭寶典》卷 11 引作「韈」。「韈」、「襪」、「韤」字同，《寶典》引《字苑》：「韈，足衣也，亡伐反。」

（1）長履景福，至于億年

按：二句上《初學記》卷 4、陳本《書鈔》卷 156、《事文類聚》前集卷12、《合璧事類備要》前集卷 18、《翰苑新書》後集卷 7 引有「陽升於下，日永於天」二句。

李尤《孟津銘》校補

（1）洋洋河水，赴宗于海

按：《詩·碩人》：「河水洋洋，北流活活。」毛傳：「洋洋，盛大也。」桂馥曰：「《詩》『泌之洋洋』、『河水洋洋』，並當為『洋洋』，即《新臺》之『河水瀰瀰』也。」〔註 407〕王念孫曰：「段氏《詩經小學》引盧氏紹弓說曰：

〔註 406〕 參見董作賓、王恒餘《唐武后改字考》，《歷史語言研究所集刊》第三十四本下冊，1962 年出版，第 470 頁。

〔註 407〕 桂馥《說文解字義證》卷 34，齊魯書社 1987 年版，第 948 頁。

『《玉篇·水部》：「洋，亡爾切，亦瀰字。」《集韻》：「瀰，或作洋。」然則「洋洋」乃「洋洋」之譌，即《新臺》之「河水瀰瀰」也。』念孫案：盧說是也。」〔註408〕馬瑞辰說略同〔註409〕。

李尤《洛銘》校補

（1）萬乘終濟，造舟為梁

章樵注：《大雅》：「造舟為梁，不顯其光。」毛氏注：「天子造舟。」

按：楊樹達曰：「造當讀為聚。造舟謂聚合其舟也。」〔註410〕

李尤《井銘》校補

（1）法律取象，不概自平

章樵注：《晉·天文志》：「東井八星主水衡事，法令所取平也。」

按：法律取象於井者，《易·井》《釋文》引鄭玄注：「井，法也。」《廣雅》：「井，法也。」《初學記》卷7引《風俗通》：「井者，法也，節也，言法制居人令節其飲食無窮竭也。」《越絕書·越絕外傳記地傳》亦云：「井者，法也。」概，宋九卷本、廿一卷本、明本、龍谿本作「槩」，《類聚》卷9引同。

李尤《小車銘》校補

（1）軫之嗛虛，疏達開通

章樵注：《後漢·輿服志》注：「飛軨，以縹油廣八寸，長注地，繫軸頭。」《禮記》注：「軫，轄頭也。」

按：注「軫，轄頭也」，《後漢書》注引「軫」作「軨」，是也。軫之嗛虛，《後漢書·輿服志》梁劉昭注、《玉海》卷79引同，《類聚》卷71、《初學記》卷25、《御覽》卷773、《東漢文紀》卷14引作「合之嗛噓」。《御覽》注：「嗛，苦琰切。」「合」是「令」形譌，「噓」涉「嗛」而增口旁。《說文》：「軫，車軨間橫木。轋，軫或從靁。」段玉裁曰：「車軨間橫木，謂車軫之直者衡者也。軫與車軨，皆以木一橫一直為方格成之，如今之大方格然。《楚辭》：『倚結軨兮長太息，涕潺湲兮下霑軾。』」……《文選》卷48注引《尚書

〔註408〕王念孫《讀書雜志》卷5，中國書店1985年版，本卷第19頁。
〔註409〕馬瑞辰《毛詩傳箋通釋》卷4，中華書局1989年版，第158頁。
〔註410〕楊樹達《〈詩〉「造舟為梁」解》，收入《積微居小學述林》卷6，中華書局1983年版，第229頁。

大傳》曰：『未命為士，不得有飛軨。』鄭注：『如今窗車也。』李尤《小車銘》曰：『軨之嗛虛，疏達開通。』蓋古者飾車鞔革，更有不鞔革者，露其窗櫺與？」〔註411〕段說是也，軨為車窗，故云「嗛虛」。《玉篇殘卷》「軨」字條引《左氏傳》：「載以窗軨。」又引杜預注：「窗軨，轀車也。」今本《左傳·定公九年》作「載葱靈」，注作：「葱靈，輜車名。」孔疏引賈逵曰：「葱靈，衣車也，有葱有靈。」「靈」是「轀」省文，「轀」是「轀」形譌。

李尤《漏刻銘》校補

王應麟《玉海》卷 11 引李充（字弘度）《漏刻銘》「昏明既序」數句，注云：「《藝文類聚》有後漢李尤《銘》，又有李充《銘》。」《類聚》卷 68 二引皆後漢李尤《銘》，王氏所據乃誤本。《文選·新刻漏銘》李善注引王隱《晉書》：「李充，字弘度，集有《漏刻銘》。」晉人李充亦有此《銘》，故王氏因認作李充。

（1）昔在先聖，配天垂則

按：先，宋刊《初學記》卷 25 引誤作「堯」。傅玄《印銘》：「往（一作「惟」）昔先王，配天垂則。」

（2）仰釐七曜，俯順坤德

按：順，《書鈔》卷 130 引作「從」，宋九卷本作缺字。坤，宋刊《初學記》卷 25 引誤作「神」。

蔡邕《警枕銘》校補

（1）哲人降鑒，居安聞傾

錢熙祚曰：「問（引者按：底本作『聞』）」字誤，當依《御覽》作「慮」。

按：聞，各本同，宋刊《類聚》卷 70、《蔡中郎集》卷 3、《漢魏六朝百三家集》卷 19 亦同，四庫本作「慮」。四庫本《類聚》、《書鈔》卷 134、《合璧事類備要》外集卷 51 引作「慮」，《白氏六帖事類集》卷 4 引作「問」，《緯略》卷 4 引作「思」。聞，讀為問。

蔡邕《樽銘》校補

《類聚》卷 73、《玉海》卷 89、《永樂大典》卷 3584 引此文。

〔註411〕段玉裁《說文解字注》，上海古籍出版社 1981 年版，第 723 頁。

（1）酒以成禮，弗愆以淫

錢熙祚曰：《類聚》「愆」作「繼」。

按：愆，各本同，《玉海》、《永樂大典》引亦同。《類聚》蓋據《左傳》改字。《左傳·莊公二十二年》：「君子曰：『酒以成禮，不繼以淫，義也。以君成禮，弗納於淫，仁也。』」

（2）德將無醉，過則荒沈

按：醉，宋刊《類聚》引誤作「荒」（四庫本不誤）。沈，宋九卷本、廿一卷本作「沉」，《類聚》引同，俗字；《玉海》、《永樂大典》引作「淫」。沈、淫一聲之轉，沉湎也，音轉亦作湛。「德將無醉」出《書·酒誥》。將，扶持。

王粲《無射鍾銘》校補

（1）休徵時序，人悅時康

按：王引之曰：「時敘者，承敘也。承敘者，承順也。」〔註412〕《後漢書·楊厚傳》李賢注引《袁山松書》：「（楊）統在縣，休徵時序，風雨得節，嘉禾生於寺舍，人庶稱神也。」悅，《初學記》卷16引作「說」。

（2）聽之無斁，用以啟期

章樵注：斁，與「射」同。

按：斁，《初學記》卷16、《玉海》卷109引作「射」。

王粲《刀銘》校補

（1）灌襞以數，質象有呈

章樵注：灌襞，淬鍊之名也。歐冶子善鑄劍，萬辟千灌。魏文帝《典論》：「魏太子造百辟寶刀。」呈，猶程式也，其質其形皆有法式。

按：《說文》：「潄，辟潄鐵也。」段玉裁曰：「張協《七命》：『乃鍊乃鑠，萬辟千灌。』李注：『辟謂疊之。灌謂鑄之。』引《典論》『魏太子丕造百辟寶劍』，又引王粲《刀銘》『灌辟以數，質象以呈』。按辟者，襞之假借也。潄者，段也。簡取精鐵，不計數摺疊段之，因名為辟潄鐵也。」〔註413〕「辟」是卷屈、折疊義，其本字是「襞」，本指卷曲之衣，引申為卷曲。《說文》：

〔註412〕王引之《經義述聞》卷3，江蘇古籍出版社1985年版，第71頁。
〔註413〕段玉裁《說文解字注》，上海古籍出版社1981年版，第123頁。

「詘，詰詘也，一曰屈襞。」又「襞，韏衣也。」《廣雅》：「疊、襞、韏，詘
也。」

（2）君子服之，式章威靈

按：服，讀為佩。

卷十四

楊雄《百官箴》校補

《類聚》卷 6、《初學記》卷 8 引此文。

（1）岳陽是都，島夷皮服

按：皮，《初學記》、宋刊《類聚》引同（《永樂大典》卷 14385 引《類聚》
亦同），四庫本《類聚》誤作「被」。段玉裁曰：「『鳥夷』見《大戴禮記・五
帝本紀》。又按：《夏本紀》、《地理志》皆云『鳥夷皮服』，然則今文《尚書》
亦作鳥也。今更定經文作『鳥』，復衛包以前之舊。又按：依漢人注經之例，
《傳》當云『鳥讀為島，海曲謂之島』乃完，作《正義》時已少四字，不知
轉寫刪之，抑作偽者變亂舊章也。《群經音辨》曰：『鳥，海曲也。當老切。
《書》「鳥夷」。』玉裁按：賈氏據未改之《尚書》《釋文》出此條。《集韻》
三十二皓曰：『島，古作鳥。』此合未改《釋文》已改《釋文》為此語也。」
〔註414〕「島」從鳥得聲，是「鳥」後起分別字。鳥，讀為佻，音轉作了，俗
字亦作乚，懸掛之義。水中之山稱「島（島）」，言其懸掛於大陸之外也。島
夷，指居於海島之夷人。孔傳云「海曲謂之島，居島之夷」，此乃正解。舊說
以鳥獸解「鳥」，望文生義。

（2）潺湲河流，夾以碣石

錢熙祚曰：「夾」字誤，當依《類聚》作「表」。

按：錢說非是，各本作「夾」，《初學記》引同。《書・禹貢》：「島夷皮服，
夾右碣石入於河。」《釋文》：「夾，音協，帶也。」

〔註414〕段玉裁《古文尚書撰異》卷 3，收入《四部要籍注疏叢刊》，中華書局 1998 年
版，第 1852 頁。

（3）降周之末，趙魏是宅

按：降，宋九卷本、廿一卷本本同，《初學記》引亦同，《類聚》引作「隆」。末，《類聚》引同，《初學記》引誤作「秦」，《西漢文紀》卷 21 誤作「來」。降，讀為隆。隆周之末，猶言強大的周朝末世。《後漢書‧邊讓傳》《章華賦》：「超有商之大彭兮，越隆周之兩虢。」

（4）北築長城，恢夏之場

按：場，宋九卷本同；宋廿一卷本、明本、四庫本作「場」，《西漢文紀》卷 21 同。「場」字是。

（5）致天威命，不恐不震

按：言西伯執行天之威命，而紂無所恐懼。致，加致，執行。威命，威嚴之命。《逸周書‧商誓解》：「予來致上帝之威命明罰。」亦其例。《潛夫論‧述赦》：「天子在於奉天威命，共（恭）行賞罰。」「奉天威命」是其誼也。

（6）諸侯僉服，復尊京師。小白既没，周卒凌遲

按：僉，宋九卷本、廿一卷本同，古香齋本《初學記》引同（宋刊本作「灘」），宋刊《類聚》引作「雖」（明刊本同，四庫本作「僉」，蓋後人所改），明嘉靖刻本《山東通志》卷 38 引亦作「雖」。作「雖」字是，言諸侯迫於霸主小白之威，雖然復尊京師，但小白死後，周室卒衰矣。宋刊本《初學記》作「灘」，亦是「雖」形譌。

（7）人咸躓於垤，莫躓於山。咸跌於污，莫跌於川

按：《韓子‧六反》：「故先聖有諺曰：『不躓於山而躓於垤。』山者大，故人順之；垤微小，故人易之也。」《呂氏春秋‧慎小》：「人之情不蹶於山，而蹶於垤。」高注：「蹶，躓，顛頓也。」《淮南子‧人間篇》：「人莫躓於山，而躓於垤。」許慎注：「蹟（躓），躓也。垤，蟻〔封〕。」「躓」是古楚語，《韓子》、《呂氏》、揚雄等則用通語「躓」、「蹶」。《方言》卷 10：「垤、封，場也。楚郢以南，蟻土謂之垤。垤，中齊語也。」《說文》：「垤，螘封也。」「螘」、「蟻」同。

（8）元首不可不思，股肱不可不孳

章樵注：《虞書》：「予思日孳孳。」「孜」與「孳」同。

按：孳，宋九卷本作「慈」，注：「一作孳。」宋刊《類聚》、《初學記》引亦作「慈」（四庫本《類聚》作「孳」），借字。

（9）杳杳巫山，在荊之陽

章樵注：杳杳，一作「幽幽」。

按：《類聚》、《初學記》引作「杳杳」，與「幽幽」一聲之轉。《漢魏六朝百三家集》卷 8 誤作「沓沓」。

（10）曰我在帝位，若天有日

章樵注：《尚書大傳》：「桀曰：『天之有日，猶吾之有民。日有亡哉？日亡，吾亦亡矣。』」

按：曰我，《類聚》引無「曰」字。若天有日，《初學記》引誤倒作「若有天日」。《書·湯誓》：「夏王率遏眾力，率割夏邑，有眾率怠弗協，曰：『時日曷喪？予及汝皆亡。』」《御覽》卷 83 引《尚書大傳》：「伊尹入告于桀曰：『大命之亡有日矣。』桀啞然笑曰：『天之有日，猶吾之有民也。日亡，吾亦亡矣。』」《韓詩外傳》卷 2：「伊尹知大命之將去，舉觴造（告）桀曰：『君王不聽臣言，大命去矣，亡無日矣。』桀相（拍）然而抃，盍然而笑曰：『子又妖言矣，吾有天下，猶天之有日也，日有亡乎？日亡，吾亦亡也。』」《新序·刺奢》略同。

（11）不順庶國，孰敢余奪

章樵注：順，一作「填」。

按：注「填」，宋廿一卷本同，宋九卷本作「慎」。順，《類聚》、《初學記》引同。「填」是「慎」形譌，讀作順。奪，《類聚》引作「敓」，俗字。

（12）放之南巢，號之以桀

按：桀所放之地南巢，也稱作「大水」，《墨子·三辯篇》：「湯放桀于大水。」清華簡（一）《尹至》簡5：「夏粜（播）民內（入）于水。」

（13）南巢茫茫，包楚與荊

章樵注：包，一作「多」。荊，牡荊也。楚，荊之翹者。土多此木，因以名州。

按：《類聚》、《初學記》引作「多」，與一本合。《揚子雲集》卷 6 作「包」。

「包」是「多」形誤。《說文》：「楚，叢木，一名荊也。」言南巢之地多生楚荊這類叢木。

（14）田田相挐，廬廬相距

錢熙祚曰：「挐」字誤，《初學記》作「挈」，九卷本亦作「挐」。

按：宋廿一卷本亦作「挐」，《類聚》引仍作「挐」，《海錄碎事》卷 4 引作「挈」。「挈」亦「挐」形誤。《後漢書・杜篤傳》《論都賦》：「厥土之膏，畝價一金。田田相如，鐍鑺株林。」王念孫曰：「如讀為紛挐之挐。田田相挐，猶今人言犬牙相錯也。楊雄《豫州箴》曰『田田相挐，廬廬相距』，是其證。」〔註415〕廬廬，宋九卷本、廿一卷本同，《類聚》引亦同，《初學記》引作「盧盧」。距，讀作拒、距，抵拒。相距，猶言相抵，言相挨著。

（15）故有天下者，毋曰我大，莫或余敗；毋曰我強，靡克余亡

按：或亦克也，能也。《書・文侯之命》：「罔或耆壽。」《漢書・成帝紀》詔引「或」作「克」。《孟子・滕文公上》：「雖使五尺童子適市，莫之或欺。」《鹽鐵論・禁耕》「或」作「能」。皆是其例。

（16）成周太平，降及周微，帶蔽屏營

章樵注：言衰微不能自存，僅自障蔽，恐惕不安。

按：《廣雅》：「殢、困、疲，極也。」王念孫曰：「《說文》作『懘』，云：『極也，一曰困劣也。』字或作帶，揚雄《豫州牧箴》：『降及周微，帶蔽屏營。』『帶』與『殢』同，『蔽』與『敝』同，謂困劣也。」〔註416〕王說是也，懘謂沾滯，《禮記・樂記》：「則無怗懘之音矣。」鄭玄注：「怗懘，敝敗不和貌。」《釋文》：「怗，弊也。懘，敗也。敝，音弊。」《史記・樂書》作「惉滯」，《集解》引鄭玄注作「惉滯，弊敗不和之貌也」。《索隱》：「又一本作『忝懘』，省也。」《法言・重黎》：「六國蚩蚩，為嬴弱姬，卒之屏營，嬴擅其政，故天下擅秦。」汪榮寶曰：「《廣雅》：『屏營，佂伀也。』王氏《疏證》云：『屏營、佂伀皆驚惶失據之貌。』按：子雲《豫州箴》云云，屏營者不起之貌，謂微弱也。」〔註417〕

〔註415〕王念孫《讀書雜志》卷 16，中國書店 1985 年版，本卷第 10 頁。
〔註416〕王念孫《廣雅疏證》，收入徐復主編《廣雅詁林》，江蘇古籍出版社 1992 年版，第 43 頁。
〔註417〕汪榮寶《法言義疏》卷 14，中華書局 1987 年版，第 357 頁。

（17）巖巖岷山，古曰梁州

按：巖巖，《初學記》引作「岩岩」。隋·蕭吉《五行大義》卷 1 引《太康地記》：「梁者，剛也，取西方金剛之氣剛強以為名也。」《爾雅·釋地》《釋文》引《太康地記》：「梁州者，言西方金剛之氣彊梁，故因以為名。」所引即《晉太康地記》，《晉書》、《通典》皆本之，此說是也。S.3326《星圖》：「梁，強也。八月之時，白露始降，萬物於是堅成而強大，故曰大梁，趙之分也。」梁、剛一聲之轉，音轉亦作彊、勍。賈逵曰：「梁米出于蜀漢，香美逾于諸梁，號曰竹根黃，梁州之名因此。」顧頡剛謂此州以全境地勢高、多山梁而得名〔註 418〕。二說皆不近理，他處亦多梁米、多山梁，何得不亦稱作梁州？

（18）絲麻條暢，有秔有稻

按：條暢，字亦作「滌暢」、「條鬯」、「滌蕩」、「滌場」〔註 419〕。

（19）幽厲夷業，破絕為荒

按：夷，陵夷，頹敗。《爾雅》：「夷上灑下不漴。」王念孫曰：「夷者，陵夷也。陵夷者，陂陀也。」〔註 420〕

（20）黑水西河，橫截崑崙

章樵注：截，一作「厲」。

錢熙祚曰：「厲」字誤，《初學記》引作「屬」。

按：錢說非是。《初學記》卷 8 凡二引，皆作「屬」。「屬」是「厲」形譌，《類聚》、《韻補》卷 1「崙」字條、《長安志》卷 2 引仍作「截」。截，截斷，直度。厲亦度也，《漢書·陳湯傳》：「橫厲烏孫。」顏師古注：「厲，度也。」

（21）邪指閶闔，畫為雍垠

按：邪，《類聚》、《韻補》卷 1「崙」字條、《長安志》卷 2 引同，《初學記》卷 8 凡二引，一引作「邪」，一引誤作「服」。畫，《初學記》（凡二引）、《韻補》、《長安志》引同，《類聚》引誤作「盡」。《說文》：「畫，界也。」又

〔註 418〕 顧頡剛、劉起釪《尚書校釋譯論》，中華書局 2005 年版，第 713～714 頁。賈逵說引自此書。
〔註 419〕 參見蕭旭《呂氏春秋校補》，花木蘭文化出版社 2016 年版，第 91 頁。
〔註 420〕 參見王引之《經義述聞》卷 27，（臺北）世界書局 1975 年版，第 651 頁。

「介，畫也。」「介」是「界」古字，二字互訓，猶言劃界。下文「畫茲朔土，正直幽方」，《初學記》引同，《類聚》引亦誤作「盡」。

（22）陵遲衰微，秦據以戾

按：戾，讀為烈，氣勢盛也。

（23）周末荐臻，迫于獫鬻

錢熙祚曰：「追」當作「迫」，九卷本尚不誤。

按：宋廿一卷本亦作「迫」，《類聚》、《初學記》引同。

（24）東陌穢貊，羨及東胡

錢熙祚曰：「陌」當作「限」，九卷本尚不誤。

按：宋廿一卷本、龍谿本、四庫本亦作「限」，是也。古香齋本《初學記》、《漢魏六朝百三家集》卷 8 引作「東限穢貊」（宋刊本《初學記》誤作「東隰□貌」），《類聚》引作「東限穢貊」，《西漢文紀》卷 21 作「東限濊貊」。胡，《初學記》引同，《類聚》引作「湖」。羨，古香齋本《初學記》引作「爰」。羨，讀為延。

（25）大漢初定，介狄之荒

按：介，各本同，《初學記》引亦同，《類聚》引誤作「分」。《全漢文》卷 54 從誤本而失校。介，讀為界。言以戎狄荒之地為疆界。

（26）義兵涉漠，偃我邊萌

錢熙祚曰：《初學記》作「擾我邊甿」。

按：偃我邊萌，《類聚》、《韻補》卷 1「萌」字條引同。「擾」字誤。偃，讀為安，安定。《釋名》：「偃，安也。」此是聲訓。萌，讀為甿，字亦作氓。《說文》：「甿，田民也。」又「氓，民也。」「民」是聲訓。《史記·三王世家》：「姦巧邊萌。」《索隱》：「萌，一作甿。韋昭云：『甿，民也。』《三蒼》云：『邊人云甿也。』」《漢書·武五子傳》作「邊甿」，顏師古注引孟康曰：「甿，音萌。」

（27）隄潰蟻穴，器漏箴芒

按：潰，古香齋本《初學記》引作「隤」，涉「隄」字而誤其偏旁。箴

芒，宋九卷本、廿一卷本同，宋刊《類聚》引作「藏亡」（四庫本作「箴芒」），《初學記》引作「臧亡」。「臧」同「藏」。本書卷 8 孔融《臨終詩》：「言多令事敗，器漏苦不密。河潰蟻孔端，山壞由猿穴。」《後漢書・陳寵傳》：「故隄潰蟻孔，氣洩鍼芒。」皆本於此文「器漏箴芒」。李賢注：「《韓子》曰：『千丈之隄，以螻蟻之穴而潰。』《黃帝素問》曰：『針頭如芒，氣出如筐也。』」

（28）爰貓伊德，侵玩上國

章樵注：貓，一作「藐」。戎狄由是藐視中國，以為德不足以服之，恣其侵玩。

按：爰貓伊德，四庫本《類聚》引同，宋刊《類聚》引作「爰藐伊意」，《初學記》引作「爰藐伊德」。玩，《類聚》引同，《初學記》引作「阮」。「意」是「悳」形譌，「悳」同「德」。「阮」是「玩」形譌，「貓」是「藐」形譌。

（29）宗周罔職，日用爽蹉

章樵注：蹉，七何反，蹉跌也。

錢熙祚曰：《初學記》作「宗幽罔識」。

按：《類聚》引同《初學記》。蹉，讀為差。《爾雅》：「爽，差也。」《方言》卷 13：「爽，過也。」郭璞注：「謂過差也。」也倒言作「差爽」，陳徐陵《在吏部尚書答諸求官人書》：「若今驛馬差爽，便是乖信。」

（30）爰自開闢，不羈不絆

章樵注：羈，一作「馬」。

按：注「馬」，宋九卷本、廿一卷本作「羈」，是也。羈，《類聚》卷、《韻補》卷 4「絆」字條引同，《初學記》引作「裹」。「裹」是「羈」形誤。一本作「馬」，即「羈」脫誤。羈亦絆也。

（31）杭海三萬，來牽其犀

按：杭，宋刊《類聚》、宋刊《初學記》引作「抗」（四庫本《類聚》仍作「杭」），古香齋本《初學記》、《文選・三月三日曲水詩序》李善注、《玉海》卷 154 引作「航」。來牽，宋九卷本、廿一卷本同，《類聚》引同，《初學記》引作「牽來」，《文選》李善注引作「束牽」，《玉海》引作「吏牽」。疑當以《選》注為確，「來」、「吏」皆「束」形譌。

（32）泉竭中虛，池竭瀕乾

　　章樵注：泉水之源中虛則竭，池水之潴外乾則竭。交州猶池之瀕也。以論衰敗之萌，各有其證，用《詩・召旻》之詞。

　　錢熙祚曰：九卷本「瀕」作「瀕」，與《召旻》詩正合。

　　按：注「瀕」，宋廿一卷本作「瀨」。正文「瀕」，宋廿一卷本、四庫本亦作「瀨」，《類聚》、《初學記》引作「瀕」。《正字通》：「《箴》本引《詩・大雅》『池之竭矣，不云自瀕；泉之竭矣，不云自中。』傳云：『瀕，厓也。』池水之鍾也，泉水之發也。池竭由外不入，泉竭由內不出，言禍亂有所從起，而今不云然也。『瀕』本作『頻』，與『濱』同，俗作『瀕』。《詩》『頻』省作『頻』，《交州箴》本作『頻』，舊註不考經傳，譌作『瀨』，非。陳第《詩古音考》引《箴》從俗作『瀕』，亦非。」《康熙字典》：「按《箴》本用《詩・大雅》『池之竭矣，不云自瀕。』傳云：『瀕，厓也，與濱同。』俗作『瀕』。則『瀨』字當在『頻』、『瀕』之閒。」二書說「瀨」是「頻（瀕）」形譌，乃據《詩》說，然二字形聲不近，無緣致譌。《箴》雖本於《詩》，然未必字字出《詩》。「瀨」是「瀕」改易聲旁的俗字，類、賴一聲之轉。「瀨」是沙石上所流之水。《正字通》說「池竭由外不入，泉竭由內不出」是也，《箴》「泉竭中虛，池竭瀨乾」，是說泉竭是由於內中虛竭不出水，池竭是由於瀨水乾涸不流入。

卷十五

楊雄《百官箴》校補

（1）各有攸保，守以不岐

　　章樵注：岐，猶貳也。岐，一作「敗」。

　　按：岐，讀為伎、憿，憿怠。古音支、只相通。《說文》：「伎，隋也。」《繫傳》本「隋」作「惰」，《集韻》引同。P.2011 王仁昫《刊謬補缺切韻》：「伎，惰。」黃侃曰：「『伎』同『憿』。」又「『惰』同『伎』。」〔註421〕

（2）特牛之飲，門戶充亂

　　章樵注：劉向《新序》：「桀為酒池糟隄，縱靡靡之樂，一鼓而牛飲者三

〔註421〕黃侃《說文同文》，收入《說文箋識》，中華書局 2006 年版，第 53、73 頁。

千人。」《三輔黃圖》：「秦酒池在長安城中，飲者皆抵牛飲。」「特」字當作「抵」，謂以手據地如牛。

按：特，《初學記》卷 12 引作「持」，《全漢文》卷 54 作「符」。宄，宋九卷本、廿一卷本、龍谿本、四庫本作「荒」，《初學記》引同。「宄」是「荒」形譌。章說「特」當作「抵」，是也。《三輔黃圖》卷 4 引《廟記》：「武帝嘗欲誇羌胡，飲以鐵盃，重不能舉，皆抵牛飲。」《元和郡縣志》卷 1 作「低頭牛飲」。抵牛飲，謂低頭以口就酒池而如牛之飲水也。《搜神後記》卷 9：「因就宗乞飲，內口著甌中，狀如牛飲。」此謂低頭以口就甌而飲。《全漢文》作「符」，形近而譌。

（3）設置山險，畫為防禦

按：畫，《初學記》卷 12、《揚子雲集》卷 6 同，《文選・西都賦》李善注（凡二引）、《後漢書・班彪列傳》李賢注、宋刊《類聚》卷 49 引皆作「盡」。「盡」是「畫」形譌。畫，劃界。明刊本《類聚》誤同，四庫本已校正作「畫」。

（4）重垠累垓，以難不律

章樵注：垠，一作「限」。

按：重垠累垓，《初學記》卷 12、《玉海》卷 123 引同，宋刊《類聚》卷 49 引誤作「重根里垓，以難不深」（明刊本誤同，四庫本不誤）。一本「垠」作「限」乃形譌。垓亦垠也。《淮南子・俶真篇》：「設於無垓坫之宇。」高誘注：「垓坫，垠堮也。」

（5）各保其守，永修不敗

按：修，《類聚》卷 49 引同，《初學記》卷 12 引作「攸」。修，遠也。永修，猶言永久、長遠。

（6）王用三驅，前禽是射

章樵注：《易》：「王用三驅，失前禽。」禮不合圍也。

按：射，宋九卷本、廿一卷本、明本等各本以及《西漢文紀》卷 21、《漢魏六朝百三家集》卷 8 同，宋刊《類聚》卷 49（明刊本同）、《初學記》卷 12、《玉海》卷 123、《職官分紀》卷 19 引亦同，《揚子雲集》卷 6、四庫本《類聚》作「失」。是明以前人所見固作「射」字。此《箴》反用《易》語，故改「失」作「射」，言殷紂不道也。

（7）陶陶百王，天工人力

　　章樵注：《書》：「天工，人其代之。」

　　按：陶陶，相隨不絕貌。《禮記·祭義》：「及祭之後，陶陶遂遂，如將復入然。」鄭玄注：「陶陶遂遂，相隨行之貌。」《釋文》：「陶，音遙。」本字作「繇繇」，《說文》：「繇，隨從也。」音轉亦作「悠悠」、「攸攸」。

（8）畫為上下，羅條百職

　　章樵「羅」字下注：一作「該羅」。

　　按：此注當在「條」字下，指「羅條」一作「該羅」。《類聚》卷49、《職官分紀》卷20引作「該羅百職」，正與一本合。各本校語皆誤在「羅」字下。《初學記》卷12引作「羅條」。

（9）屬有攸籍，各有育子，世以不錯

　　章樵注：育，又「裔」。育，與「胄」同義。《書》注：「胄，長也。」《說文》引「教胄子」作「教育子」。

　　按：育，《職官分紀》卷18引同，《初學記》卷12、《記纂淵海》卷30引作「胄」。宋九卷本注：「世，又『代』。」《初學記》引作「代」。王引之曰：「教胄子，《說文》引作『教育子』，《周官·大司樂》注亦作『教育子』（見《釋文》、《群經音辨》，今本作『胄子』），《王制》注及《漢書·禮樂志》並作『教胄子』，《史記·五帝紀》作『教稺子』。引之謹案：育子，稺子也。育字或作毓，通作鬻，又通作鞠……育、胄古聲相近，作『胄』者假借字耳。」〔註422〕

（10）旁求衣食，厥民攸生

　　按：求，宋刊《類聚》卷49引同，四庫本《類聚》、《初學記》卷12引作「施」。旁，讀作溥，廣也。求，讀為逑，聚也。生，古香齋本《初學記》引誤作「主」。

（11）其僚率舊，聖則越遵

　　章樵注：聖立則度，所當遵守。越，與「粵」同。

　　錢熙祚曰：「其」當作「共」，九卷本尚不誤。

〔註422〕王引之《經義述聞》卷3，江蘇古籍出版社1985年版，第74頁。又參見段玉裁《古文尚書撰異》卷1，收入《四部要籍注疏叢刊》，中華書局1998年版，第1818頁。

按：宋廿一卷本亦作「共」，《西漢文紀》卷 21、《漢魏六朝百三家集》卷 8 同。下文「共寮不御」，亦作「共」。

（12）至於耽樂流湎，而妲末作祟

按：流湎，乃「沈湎」音轉，本字作「湛湎」。《新序·雜事二》：「酒漿流湎。」《列女傳》卷 6 作「沈湎」。

（13）吾臣司金，敢告執瑍

章樵注：據此，則應邵之說是。

按：注「應邵」，當作「應劭」，宋廿一卷本亦誤。此句為《執金吾箴》語，章樵注引應邵（劭）曰：「吾，禦也，執金革以禦非常。」又引顏師古曰：「金吾，鳥名也，主辟不祥。職主先導，執此鳥之象，因以名官。」「金吾」之名義，當從應劭說，顏師古以為鳥名，非是。《書鈔》卷 54 引漢王隆《漢官解故》亦云：「執金吾，吾者，禦也，典執金革以禦非常也。」「吾」是「圄」、「敔」省文，與「禦」亦一聲之轉。《說文》：『圄，守之也。』又「敔，禁也。」桂馥曰：「漢官有執金吾，吾即敔字。」又「圄通作吾，《漢官儀》：『宰尹下曰執金吾，吾，禦也，常執金革以禦非常。』」〔註 423〕金，讀為禁。執金吾者，謂執掌禁禦，故取為官名。吾臣，猶言守禦之臣。

（14）温温唐虞，重襲純孰

按：襲亦重也，「重襲」是同義複詞。《賈子·容經》引諺曰：「君子重襲，小人無由入；正人十倍，邪辟無由來。」楊雄《城門校尉箴》：「襲險重固。」二字同義對舉。純，讀作𦃃。《說文》：「𦃃，孰也，讀若純。」錢坫曰：「此『純孰』字。」〔註 424〕「孰」是「熟」古字。「純孰」亦是同義複詞。

（15）張設武官，以御寇賊

按：寇，宋九卷本、廿一卷本、明本作「寇」，《揚子雲集》卷 6、《西漢文紀》卷 21 同；龍谿本作「𥧄」，《漢魏六朝百三家集》卷 8 作「寇」，《玉海》卷 124 引作「寇」，《全漢文》卷 54 作「寇」。「寇」即「寇」俗字，「寇」是「寇」形譌，亦「寇」俗譌字。《史記·滑稽列傳》「寇來不能上」，《類聚》卷

〔註 423〕 桂馥《說文解字義證》，齊魯書社 1987 年版，第 265、533 頁。
〔註 424〕 錢坫《說文解字斠詮》卷 5，收入《續修四庫全書》第 211 冊，上海古籍出版社 2002 年版，第 586 頁。

24 引「寇」作「⿱宀寇」。「⿱宀寇」形譌作「寇」，又脫作「𥦿」，所去尤遠。《干祿字書》：「寇、寇：上俗，下正。」敦煌寫卷亦有作「寇」形者〔註 425〕。P.3620《請試僧尼及不許交易書》又省其上一點作「⿱宀寇」形。字亦譌作「寇」、「宼」等形〔註 426〕。「蔻」俗作「蔲」，亦是其比。四庫本「寇賊」誤作「復賦」，不知所云。

（16）牙爪葸葸，動作宜時

章樵注：葸葸，銛利貌。

按：章注不知所據。葸葸，通作「諰諰」，恐懼貌，亦作「葸葸」、「鰓鰓」、「禔禔」。《荀子・議兵》：「秦四世有勝，諰諰然常恐天下之一合而軋己也。」《漢書・刑法志》作「鰓鰓」。《文選・魯靈光殿賦》：「魂悚悚其驚斯，心葸葸而發悸。」李善曰：「蘇林《漢書》注曰：『葸葸，懼貌。』『葸』與『葸』同。」《漢書・禮樂志》：「靈禔禔，象輿轙。」孟康曰：「禔音近枲，不安欲去也。」

（17）盤石唐芒，襲險重固

按：唐芒，《文選・吳都賦》、《魏都賦》李善注引同，《職官分紀》卷 37 引作「唐茫」。字也作「嵣㟎」、「嵣嵤」、「巇嶸」、「唐嵤」。倒言則作「㟎嵣」、「屹嵣」、「砣碭」、「芒碭」、「磋碭」，疊韻連語〔註 427〕。

（18）芒芒大田，芃芃作穀

錢熙祚曰：大田，《文選・東京賦》注引作「天田」，《御覽》同。

按：嚴可均《全漢文》卷 54 校同錢氏。作「天田」誤，《職官分紀》卷 20 引仍作「大田」。睡虎地秦簡《秦律十八種・田律》：「稟大田而毋（無）恒籍者，以其致到日稟之，勿深致。」

（19）是以田獲三驅，不可過差

按：過差，猶言過甚、過多、過分。「差」是甚義。「過差」是漢魏人成

〔註 425〕 參見黃征《敦煌俗字典》，上海教育出版社 2005 年版，第 224 頁。
〔註 426〕 參見顧藹吉《隸辨》卷 4，收入景印文淵閣《四庫全書》第 235 冊，臺灣商務印書館 1986 年初版，第 624 頁。
〔註 427〕 參見蕭旭《「狼抗」轉語記》，收入《群書校補（續）》，花木蘭文化出版社 2014 年版，第 2354 頁。

語〔註 428〕。

（20）普彼坤靈，俾天作則

按：普，宋廿一卷本同，《文選·西都賦》李善注、《後漢書·班固傳》李賢注引亦同；宋九卷本作「善」，即「善」俗字；宋本《初學記》卷 11 引作「善」（古香齋本引作「善」，四庫本作「普」），宋刊《類聚》卷 47 引作「昔」（四庫本作「普」）。俾天作則，《初學記》、四庫本《類聚》引同，宋刊《類聚》引作「併天作合」，李善注引作「俾天作制」，李賢注引作「俾天作合」。「昔」、「善」是「普」形譌，「併」是「俾」形譌，「制」是「則」形譌。

（21）分制五服，劃為萬國

按：劃，《初學記》卷 11、《記纂淵海》卷 26 引同，《書鈔》卷 52 引作「畫」，宋刊《類聚》卷 47 引作「盡」（四庫本作「劃」）。「盡」是「畫」形譌。本書卷 16 崔瑗《司隸校尉箴》：「煌煌古制，分劃五服。」

（22）乃立地官，空惟是職

按：乃，宋本《初學記》卷 11 引誤作「及」（古香齋本不誤）。立，《初學記》、《類聚》卷 47 引同，《書鈔》卷 52 引誤作「主」。《書鈔》引「空惟是職」下尚有「昔帝命禹，平茲水土。原隰彌平，庶城建安。四方遐邇，靡國不庭」二十四字，此本脫之。

（23）王路斯浮，孰不傾覆

錢熙祚曰：《初學記》「浮」作「蕪」。

按：四庫本亦作「蕪」，其餘各本作「浮」。浮，讀為蕪。《全漢文》卷 54、《全後漢文》卷 44 並收此文，改作「王路斯荒」，而不作說明，蓋嚴氏臆改，非有所據也。

（24）空臣司土，敢告在側

錢熙祚曰：空，九卷本作「官」。

按：宋刊本《初學記》卷 11、《玉海》卷 120 引作「官」；宋廿一卷本、明本作「空」，古香齋本《初學記》引同。「空」音誤作「宮」，因形誤作「官」字。

〔註 428〕　參見蕭旭《古書虛詞旁釋》，廣陵書社 2007 年版，第 390～391 頁。

（25）故聖人在位，無曰我貴，慢行繁祭；無曰我材，輕身恃巫

　　按：恃巫，《初學記》卷 12、四庫本《類聚》卷 49 引誤作「恃筮」，宋刊《類聚》引誤作「博坐」。《晏子春秋・內篇諫上》：「古者不慢行而繁祭，不輕身而恃巫。」乃此文所本。《呂氏春秋・知接》：「管仲對曰：『死生，命也。苟病，失也。君不任其命守其本，而恃常之巫，彼將以此無不為也。』」《御覽》卷 735 引作「君不守其本而恃巫」。此即「輕身而恃巫」之例。

卷十六

崔駰《大尉箴》校補

（1）干戈載戢，宿纒其紀

　　按：纒，龍谿本作「躔」，《初學記》卷 11 引同，正字，指天體運行。

崔駰《河南尹箴》校補

（1）商邑翼翼，四方是營

　　章樵注：《詩》云：「商邑翼翼，四方之極。」

　　錢熙祚曰：《御覽》卷 252 引作「四方之經」。

　　按：四方是營，宋九卷本、廿一卷本同，《類聚》卷 6、《玉海》卷 131 引亦同。《記纂淵海》卷 33、《合璧事類備要》後集卷 71、《職官分紀》卷 38、《事文類聚》遺集卷 13 引同《御覽》。《書鈔》卷 76 引作「京師翼翼，四方之則」。《洛陽伽藍記》卷 2：「所謂『帝京翼翼，四方之則』。」顯然是引文，但未注明出處，當出此《箴》。

崔駰《司徒箴》校補

（1）天鑒在下，仁德是興

　　錢熙祚曰：興，《類聚》作「哀」。

　　按：「哀」字誤，各本俱作「興」，《初學記》卷 11、《記纂淵海》卷 26 引同，四庫本《類聚》已校正作作「興」。鑒，《初學記》引同，《類聚》卷 47、《記纂淵海》引作「監」，《東漢文紀》卷 10、《漢魏六朝百三家集》卷 12 同。

（2）乾乾夕惕，靡怠靡遑

　　按：「遑」本義是離開，在此讀作敼（敼），《說文》：「敼，戾也。」

（3）嗇人用章，黔黗是富

　　章樵注：《皋陶謨》：「九德咸事，俊乂在官。」《洪範》：「俊民用章。」

　　按：伏俊璉曰：「嗇人，即《尚書·洪範》『俊民用章』之『俊民』、《史記·宋世家》『畯民用章』之『畯民』，卷 18《修西嶽廟記》『穡民用章』之『穡民』。皮錫瑞《金文尚書考證》：『或《今文尚書》作畯，而訓為穡民，漢人以故訓字代經亦未可知。「畯民用章」蓋即「烝我髦士」之義。』《說文》：「畯，農夫也。」朱駿聲曰：「田畯，農官也。亦稱農大夫，《周語》：『命農大夫咸戒農用。』亦稱農正，《周語》：『農正再之。』亦稱農父，《書·酒誥》：『農父若保。』亦稱農，《夏小正》：『農率均田。』《禮記·郊特牲》：『饗農及郵表，輟禽獸。』亦稱田，《月令》：『命田舍東郊。』亦稱田大夫，《詩·七月》：『田畯至喜。』傳：『田大夫也。』亦稱嗇人，《夏小正》：『嗇人不從。』亦稱嗇夫，《儀禮·覲禮》：『嗇夫承命。』《詩·甫田》箋：『田畯司嗇，今之嗇夫也。』亦稱『農夫』，如《爾雅》、《說文》是也。按：畯之為言俊也。」朱說是也，而猶未盡。田官也稱作「嗇民」、「穡夫」、「穡民」、「穡人」，《書·大誥》：「若穡夫，予曷敢不終朕畝？」《大戴禮記·四代》：「嗇民執功，百草咸淳。」《文選·冊魏公九錫文》：「君勸分務本，嗇民昏作。」《後漢紀》卷 30 作「穡人昏作」。黗，《初學記》卷 11、《記纂淵海》卷 26 引同，《類聚》卷 47 引作「萌」，借字。謝靈運《撰征賦》：「驅黔萌已蘊崇，取園陵而湮沈。」音轉亦作「黔民」，東漢《帝堯碑》：「□□釐兮湘黔民。」東漢蔡邕《王子喬碑》：「祐邦國，相黔民。」

（4）無曰余忮，忘予爾輔

　　錢熙祚曰：《初學記》「余忮」作「爾悖」。

　　按：錢氏所據《初學記》乃古香齋本，宋刊本此句作「无曰余忮，志于爾三」，雖有誤文，而此二字仍作「余忮」，宋九卷本、廿一卷本、明本同。《全後漢文》卷 44 作「余悖」，無據。今本作「余忮」不誤。忮，讀為恮，剛愎、很戾。《信陽長臺關竹簡》：「夫戔（賤）人剛忮。」「忮」亦此義。銀雀山漢簡《五名五共》：「三曰剛至。」「剛至」即「剛忮」，「至」乃「恮」省文。字亦作駤，《淮南子·脩務篇》：「胡人有知利者，而人謂之駤。」高注：

「駤，忿戾，惡理不通達。駤，讀似質，緩氣言之者，在舌頭乃得。」句謂不要說我剛愎很戾，忘了我作你的輔佐。

（5）豐其折右，而鼎覆其餗

章樵注：《易·豐》：「九三，折其右肱，終不可用也。」《鼎》：「九四，鼎折足，覆公餗，其形渥，凶。」

錢熙祚曰：《初學記》作「豐有折肱」。

按：宋九卷本作「豐其折股」。錢氏所據《初學記》乃古香齋本，宋刊本作「豐有折股」。「有」是「其」形譌。「股」字誤。

（6）徒臣司眾，敢告執藩

錢熙祚曰：《初學記》「眾」作「農」。

按：錢氏所據《初學記》乃古香齋本，宋刊本作「眾」。「農」字誤。宋九卷本、廿一卷本作「眾」，《玉海》卷120、《韻補》卷2「藩」字條引同。

崔駰《大理箴》校補

《初學記》卷12引此文。

（1）罪人斯殛，凶旅斯并

按：殛，古香齋本《初學記》引同，宋刊《初學記》引作「極」，誅也。凶旅斯并，宋九卷本、廿一卷本、明本同，龍谿本作「凶旅斯迸」，四庫本作「凶旅斯屏」，宋刊《初學記》引作「凶族斯并」（古香齋本、四庫本作「凶族斯迸」）。「凶旅」不誤，指兇惡之徒。《晉書·姚泓載記》：「天未厭亂，凶旅實繁。」并、迸、屏，皆讀為姘。《說文》：「姘，除也。」

（2）衛鞅酷烈，卒損于秦

錢熙祚曰：「損」當作「殞」，九卷本尚不誤。

按：宋廿一卷本、明本、龍谿本、四庫本亦作「殞」，《初學記》引同。

（3）不疑加害，禍不反身

章樵注：漢昭帝時有一男子詣北闕，自稱衛太子。詔使公卿識視，右將軍勒兵闕下以備非常。京兆尹雋不疑叱從吏收縛，遂詔送獄，卒伏其辜。反，一本作「及」。

按：加，宋刊《初學記》引同，古香齋本作「知」。反，《初學記》引作「及」。「知」是「加」形譌，「反」是「及」形譌。

（4）天鑒在顔，無細不錄

　　章樵注：《齊語》:「天威不違顔咫尺。」顔，眉目之間也。

　　錢熙祚曰：《初學記》「顔」作「顯」。

　　按：宋九卷本、廿一卷本作「顔」，宋刊《初學記》引同。錢氏所據乃古香齋本。「顔」字是。

崔瑗《東觀箴》校補

（1）衛巫監謗，國莫敢言

　　按：監，《初學記》卷 12 引誤作「蠱」，蓋「監」形譌作「鹽」，又音誤作「蠱」。《全後漢文》卷 45 據誤本作「蠱」字，失之。

（2）宗廟隨夷，遠之荆楚

　　按：隨，讀為墮。

　　崔瑗《關都尉箴》校補

（3）茫茫九州，規為關津

　　章樵注：規，度也。度地之形勢而設險。

　　按：規，宋刊《初學記》卷 7 引作「置」，古香齋本作「據」。

崔瑗《河隄謁者箴》校補

（1）濟漯咸順，沂泗從流

　　按：「漯」讀他合切，是「濕」俗譌字〔註429〕。《說文》:「濕，〔濕〕水，出東郡東武陽，入海。桑欽云：『出平原高唐。』」

（2）溢溢滂汩，屢決金隄

　　按：溢溢，亦省形作「盆溢」，《隸釋》卷 4 漢《李翕析里橋郙閣頌》:「涉秋霖漉，盆溢□漏。」洪适曰：「碑以『盆溢』為『溢溢』。」《後漢書·陳忠傳》:「徐、岱之濱海水盆溢。」滂汩，《玉海》卷 23 引同，《文章辨體彙選》

〔註429〕參見丁福保《說文解字詁林》所引諸家說，中華書局 1988 年版，第 10760～
　　　　　10764 頁。

卷 444、民國《觀城縣志》卷 9 作「滂泊」，是也。滂泊，當是「旁礴」、「磅礴」、「磅礴」、「滂薄」、「旁礴」、「旁薄」、「旁魄」、「滂渤」、「滂浡」、「旁泊」、「傍薄」、「般礴」、「盤礴」、「槃薄」、「盤薄」、「磐礴」、「磐薄」、「礚薄」、「礴礴」、「蟠薄」、「蟠礴」、「蟠泊」、「彭薄」等音轉，廣大貌〔註430〕。

崔瑗《尚書箴》校補

（1）四岳阿鯀，績用不成

章樵注：《堯典》：「四岳薦鯀治水，九載績用弗成。」

按：鯀，《初學記》卷 11 引作「骸」。「鯀」異體字或作「鮌」、「骹」、「縣」，「骸」當是「骹」形譌。

（2）舉以無私，乃忝服榮

錢熙祚曰：此句誤，《初學記》作「舉涉其私」。

按：舉以無私，各本同，惟四庫本作「舉涉其私」。錢氏所據《初學記》乃古香齋本，宋刊《初學記》作「舉以其私」，是也。各本「其」誤「無」。《國語·晉語五》：「吾聞事君者比而不黨。夫周以舉義，比也；舉以其私，黨也。」

崔瑗《北軍中侯箴》校補

（1）孔丘歷堦，文武定申

按：歷堦，也作「歷級」，《呂氏春秋·安死》：「孔子徑庭而趨，歷級而上⋯⋯徑庭歷級，非禮也；雖然，以救過也。」《家語·曲禮子夏問》：「孔子初為中都宰，聞之，歷級而救焉。」王肅注：「歷級，遽登階，不聚足。」又音轉作「麗級」，《論衡·薄葬》：「徑庭麗級而諫。」傅山曰：「麗級，歷級。」〔註431〕麗、歷一聲之轉。

崔瑗《司隸校尉箴》校補

（1）是故履上位者，無云我貴，苟任激訐

按：訐、揭一聲之轉，揭發。王力等謂「訐」、「揭」是同源字，云：「『訐』

〔註430〕 參見蕭旭《「蓬勃」考》，收入《群書校補（續）》，花木蘭文化出版社 2014 年版，第 2471～2476 頁。

〔註431〕 傅山《霜紅龕集》卷 39《雜記四》，收入《續修四庫全書》1395 冊，上海古籍出版社 2002 年版，第 720 頁。

是用言語把事情揭發出來，『揭』是用手把事情揭舉出來，引申為一般的揭發、揭露。二字音近義通。」〔註432〕其說甚精辟。《公羊傳·莊公十二年》何休注：「故訐閔公以此言。」《釋文》：「訐，一本作揭。」「揭」即「訐」借字，《集韻》二字同音蹇列切。楊樹達《古音對轉疏證》「曷部讀音字從寒部聲類」條云：「『舌』從干聲。干，寒部。舌，讀入曷部。『訐』從干聲。『訐』亦讀入曷部。」〔註433〕鳥名「渴鴠」即「鶡鴠」，又省作「曷旦」，亦作「鴠鴠」、「鴠旦」〔註434〕，亦其音轉之證。

胡廣《侍中箴》校補

（1）冒聞上帝，賴茲四臣

章樵注：《君奭》曰：「迪見冒聞于帝，惟茲四人。」《正義》：「《詩》稱文王有疏附、先後、奔走、禦侮之臣。」

按：《初學記》卷12引「冒」作「勖」，亦有所本。《尚書釋文》：「冒，馬作『勖』，勉也。」「勖」是「勗」俗譌字。段玉裁曰：「勗今音許玉切。古音『勗』與『冒』皆音懋，而懋通作勖，是以《顧命》『冒貢』，馬、鄭、王作『勖贛』；《盤庚》『懋建』，今文《尚書》作『勖建』也。崔瑗《侍中箴》曰：『昔在周文，創德西鄰。勖聞上帝，賴茲四臣。』此引《君奭》作『勖聞』，與馬本同。」〔註435〕王引之曰：「《傳》於冒字悉訓為覆，殊失本指……《論衡·初稟篇》、趙岐《孟子》注並引《康誥》曰『冒聞于上帝』，胡廣《侍中箴》曰『勖聞上帝，賴茲四臣』（此用《君奭篇》語，冒字作勖，與馬本同）。」〔註436〕

（2）暱彼榮夷，用肆其虐

按：暱，古香齋本《初學記》卷12、《東漢文紀》卷12誤作「暱」（宋刊本《初學記》不誤）。榮，宋廿一卷本同；宋九卷本作「宗」，《初學記》、《東

〔註432〕 王力等《王力古漢語字典》，中華書局2000年版，第1261頁。此字條屬是書酉集，據第1816頁《後記》，酉集由郭錫良撰寫。
〔註433〕 楊樹達《古音對轉疏證》，《清華學報》第10卷第2期，1935年出版，第330頁。
〔註434〕 《集韻》：「鴠、鴠：鳥名，或從旱。」另參見楊慎《古音駢字》卷下、焦竑《俗書刊誤》卷8，並收入景印文淵閣《四庫全書》第228冊，臺灣商務印書館1986年版，第422、573頁。又參見戴震《方言疏證》卷8，收入《戴震全集（5）》，清華大學出版社1997年版，第2398頁。
〔註435〕 段玉裁《古文尚書撰異》卷23，收入《四部要籍注疏叢刊》，中華書局1998年版，第2005～2006頁。
〔註436〕 王引之《經義述聞》卷4，江蘇古籍出版社1985年版，第92頁。

漢文紀》同。作「榮夷」是也，指榮夷公。《國語·周語上》：「厲王說榮夷公。」韋昭注：「說，好也。榮，國名。夷，謚也。」《史記·周本紀》：「厲王即位三十年，好利，近榮夷公。」此文云「暱彼榮夷」，即「說榮夷公」、「近榮夷公」也。

（3）無曰我賢，不選至親；無曰我任，妄用嬖人

按：任，《初學記》卷 12、《東漢文紀》卷 12 作「仁」。任、仁一聲之轉，並讀為佞。《爾雅》：「任、壬，佞也。」「壬」是「任」省文，此是聲訓。《說文》：「佞，巧讇高材也。」《小爾雅》：「佞，才也。」《廣雅》：「佞，巧也。」任、能亦一聲之轉，故為才能義。

崔寔《諫大夫箴》校補

（1）於昭上帝，迪茲既哲

按：茲，《初學記》卷 12 引同，宋九卷本誤作「竝」。迪，開導。迪、道（導）一聲之轉。《書·益稷》：「各迪有功。」《史記·夏本紀》「迪」作「道」。

（2）各有攸訊，政以不紛

按：二句，宋刊《初學記》卷 12 引同，《玉海》卷 123 引作「各司攸訊，政以不紛」，古香齋本《初學記》引作「各有攸記，政以不分」。「司」是「有」形譌，「記」是「訊」形譌，「分」是「紛」省文。

（3）逢于周厲，慢德不躪；煦煦胥讒，人謗乃作

章樵注：逢，當作「逮」。躪，潔也。

錢熙祚曰：注云「逢當作逮」，按《初學記》正作「逮」。

按：錢氏所據《初學記》乃古香齋本，宋刊本仍作「逢」。「逢」字不誤，值也，遇也。煦煦，《初學記》卷 12 引作「煦煦」，同。

張華《尚書令箴》校補

《書鈔》卷 59、《類聚》卷 48、《初學記》卷 11、《職官分紀》卷 8 引此文。

（1）府令百官，政用罔愆

按：府，宋廿一卷本、明本、龍谿本、墨海本同，宋刊《初學記》引同；

四庫本作「俯」，古香齋本《初學記》引同，《西晉文紀》卷 13、《漢魏六朝百三家集》卷 40、42、《全晉文》卷 58 亦同。作「府」是故本，讀作俯、頫。《荀子・非相》：「府然若渠（梁）匽䵽栝之於己也。」楊倞注：「府與俯同。」朱駿聲曰：「府，叚借為頫。」〔註437〕

（2）補我袞闕，玉我王猷

錢熙祚曰：《初學記》、《類聚》、《文選》注「玉」並作「闓」。

按：《文選》注見《北使洛》李善注。宋刊《初學記》引作「王」，乃「玉」形譌。《書鈔》、《玉海》卷 59（凡二引《選》注）、123、《職官分紀》引亦作「闓」。猷，《類聚》引作「繇」，古字通。

（3）雖曰聖明，必資良材；無曰我智，官不任能

按：上句，古香齋本《初學記》引作「雖曰聖明，必賴良材」（宋刊本「賴」作「🄰」，疑「資」俗譌字），《類聚》引作「雖聖雖明，必賴良才」，《書鈔》引作「雖曰聖明，必賴良才」，《職官分紀》引作「雖聖雖明，必賴才良」。任能，《書鈔》、《初學記》引同，《類聚》引誤倒作「能任」，孔廣陶已指出其誤〔註438〕。「能」讀之部音，與「材」合韻。

（4）世季道㪍，天綱縱替

按：㪍，宋廿一卷本同，四庫本作「闕」。上句《初學記》引作「王季道㪍」，《西晉文紀》卷 13、《漢魏六朝百三家集》卷 42 作「三季道㪍」。「三」是「王」形譌。綱，《初學記》引誤作「網」。

傅玄《吏部尚書箴》校補

《類聚》卷 48、《初學記》卷 11 引此文。

（1）明明王範，制為九服

錢熙祚曰：《類聚》卷 48「範」作「軌」。

按：範，宋廿一卷本、明本同，《初學記》引亦同，《漢魏六朝百三家集》卷 39 作「軌」。服，宋刊《初學記》引同，古香齋本《初學記》、《類聚》引作

〔註437〕 朱駿聲《說文通訓定聲》，武漢市古籍書店 1983 年版，第 366 頁。
〔註438〕 《北堂書鈔》（孔廣陶校注本），收入《續修四庫全書》第 1212 冊，上海古籍出版社 2002 年版，第 279 頁。

「秩」。「服」字是，與下文「職」、「匿」皆職部字，合韻。

（2）貴無常尊，賤不指卑

錢熙祚曰：「指」字誤，當依《初學記》作「恒」。

按：《漢魏六朝百三家集》卷 39、《西晉文紀》卷 10 亦作「恒」，「恒」、「常」同義對舉。宋刊《初學記》引作「指」，亦是誤作「指」。

（3）且表正而象平，日夕而景側

按：側，《初學記》引同，《書鈔》卷 60 引作「傾」。《廣雅》：「夕，衰也。」上句「正」、「平」同義，此句「夕」與「側（傾）」亦同義，文法一律。本書卷 3 司馬相如《美人賦》：「時日西夕，玄陰晦冥。」亦其例。又此二句上，《書鈔》卷 60 引有「周仲山甫，亦允內言」二句，《類聚》卷 48 引作「夔龍出入朕命，周仲山甫，亦允內言」（四庫本「內」作「納」），蓋此篇佚文。

（4）能者養之致福，不能者弊之招咎

按：咎，古香齋本《初學記》、《記纂淵海》卷 27 引同，宋刊本《初學記》音誤作「舊」。《左傳·成公十三年》：「能者養之以福，不能者敗以取禍。」乃此文所本。杜預注：「養威儀以致福。」「養之以福」當據《漢書·律歷志》所引乙作「養以之福」（《五行志》亦誤倒），南宋姚寬《西溪叢語》卷上及顧炎武、桂馥、朱駿聲皆有說〔註439〕。之福，即「致福」。

卷十七

《董仲舒集敘》校補

（1）董仲舒，清河廣川人也，以治《春秋》為博士，下帷講誦，弟子傳以久次相授業，或莫能見其面

按：以久次相授業，《漢書·董仲舒傳》同，《史記·儒林列傳》「授」作「受」，餘同。《漢書》之「久」，《文選·運命論》李善注、宋刊《類聚》卷 55 引作「文」（四庫本《類聚》作「久」），《御覽》卷 197 引作「九」，《書鈔》卷

〔註439〕顧炎武《左傳杜解補正》卷中，《指海》本第 6 集，本卷第 18 頁。桂馥《札樸》卷 7，中華書局 1992 年版，第 259 頁。朱駿聲《春秋左傳識小錄》卷下，收入《續修四庫全書》第 125 冊，第 859 頁。

67、《御覽》卷 700 引無此字，《御覽》卷 365 引作缺字。《漢書》舊校引劉氏曰：「『久』衍字。」劉說非是。「久」字不誤，「九」是「久」音誤，「文」是「久」形誤。楊樹達曰：「『久次』為漢人恒語，謂年時久暫之次序……刪『久』字則非其義矣。」〔註440〕楊解「久次」是也，但「久」字亦可省略，楊說「刪『久』字則非其義」，則拘執矣。《後漢紀》卷 19 載馬融「弟子以次相授，鮮有覩其面者」，與此絕類，正無「久」字。

（2）凡相兩國，輒事驕王，正身率下，所居而治

按：楊樹達曰：「輒，副詞，每也。」引《漢書》此例為證〔註441〕。輒，副詞，猶言都、總、皆。《南史·劉顯傳》：「凡佐兩府，並事驕王。」文例同，「並」字義同。《小爾雅》：「率，勸也。」猶言勸勉、勉勵。

王褒《僮約》校補

《類聚》卷 35、《初學記》卷 19、《事文類聚》後集卷 17、《合璧事類備要》前集卷 54、《錦繡萬花谷》前集卷 19 各有引錄。《太平御覽》卷 394、500、598、698、765、824、829、964、966 凡 9 引，其中卷 500、598 係全引，其餘均為節引。

清人陸以湉《冷廬雜識》、李兆洛《駢體文鈔》、周悅讓《倦遊庵槧記》各有簡略的校語〔註442〕。今人黃侃於《僮約》有校說〔註443〕，石聲漢作《〈僮約〉校注》〔註444〕，汪維輝作《〈僮約〉疏證》〔註445〕。汪維輝逐句作校勘

〔註440〕 楊樹達《漢書窺管》，收入《楊樹達文集》之十，上海古籍出版社 1984 年版，第 434 頁。
〔註441〕 楊樹達《詞詮》卷 5，中華書局 1954 年版，第 211 頁。
〔註442〕 陸以湉《冷廬雜識》卷 8，收入《續修四庫全書》第 1140 冊，上海古籍出版社 2002 年版，第 626 頁。李兆洛《駢體文鈔》卷 31，收入《續修四庫全書》第 1610 冊，第 682～683 頁。周悅讓《倦遊庵槧記》，齊魯書社 1996 年版，第 758～759 頁。
〔註443〕 黃侃說見《文心雕龍札記》，上海古籍出版社 2006 年版，第 90～91 頁。
〔註444〕 石聲漢《〈僮約〉校注》，完成於 1963 年，由其女石定枎整理，《農業考古》2010 年第 2 期，第 219～223 頁。其校語「守」指守山閣本《古文苑》，「藝」指《藝文類聚》，「宋」指蜀刻本《御覽》，「鮑」指鮑本《御覽》，「錢」指錢熙祚，「黃」指黃侃。
〔註445〕 汪維輝《〈僮約〉疏證》，收入《古代文獻的考證與詮釋——海峽兩岸古典文獻學國際學術會議論文集》，上海古籍出版社 2006 年版，第 459～518 頁；又收入《漢語詞匯史新探》，上海人民出版社 2007 出版，第 262～313 頁。

及疏解，所得最多，但汪氏校勘偶有失校，也有誤校之處〔註446〕。

（1）便了捍大杖上冢巔曰

　　按：捍，宋九卷本、廿一卷本同，四庫本作「提」。此句宋刊《類聚》引作「便捍大杖上冢巔」，《初學記》、四庫本《類聚》引作「便提大杖上冢巔」，景宋本《御覽》卷598引作「便拽大杖上冢顛」，《事文類聚》、《事類備要》引作「便持大杖上冢巔」，《萬花谷》引作「擇上冢巔」。汪維輝曰：「作『捍』義不可通，當是『提』字之誤。作『提』作『拽』均可通，但我以為作『拽』為是。拽即曳之增旁俗字，義為拖。『曳杖』的說法先秦兩漢文獻中多有用例……後世沿用不輟。『提杖』則未見。」「捍」、「擇」是「掉」形譌〔註447〕。《酉陽雜俎》卷17：「常仰捍其蓋，伺蠅蠛過，輒翻蓋捕之。」《太平廣記》卷478引「捍」作「掉」。《玄應音義》卷8：「椑櫨：《胎藏經》作『捍』，疑字誤也。」《四分律疏》卷1：「譬如一楯能捍眾敵。」吐魯番文書80TBI：488及敦煌寫本P.2064b《四分戒本疏》卷1「捍」字同，《四分律開宗記》卷6誤作「掉」。《可洪音義》卷16：「木捍：步皆反，井中障土用也。或作捍，音翰，拒也。」「捍」即「掉」，可洪見到「掉」與「捍」的異文。此均其形近易譌之例〔註448〕。「掉」同「擺」，與「揮」同義。《慧琳音義》卷91：「擺撥：上百買反，俗字也，正體從卑從手作掉。《考聲》：『揮手也。』」《六書故》：「掉，左右揮掉也，又作擺。」《戰國策・秦策五》：「將軍為壽於前而捍匕首。」姚宏注：「捍，劉、一作掉。」《文選・之郡初發都》李善註引作「掉」。黃丕烈謂「掉」字是〔註449〕。此亦其形譌之證。《淮南子・主術篇》：「捹（掉）梲而狇犬也。」又《說山篇》：「揮梲而呼狗。」《意林》卷2引，有注：「揮梲，挾杖也。」《說苑・尊賢》：「猶舉杖而呼狗。」是掉猶揮也，舉也。字亦作裈，《賈子・匈奴》：「裈劍挾弓，而蹲穹廬之隅。」明刻兩京遺編本「裈」作「揮」。各書引作「提」、「持」、「拽」，皆以意改之。「家」是「冢」形譌。冢巔，猶言墳頂。《全漢文》卷42作「冢嶺」，臆改

〔註446〕如謂《初學記》引「冢巔」作「冢嶺」，《初學記》各本都作「冢巔」，獨《全漢文》卷42誤作「冢嶺」。

〔註447〕「卑」字從　從甲，本無第一筆斜撇。定縣漢簡作「𤰞」，下逮敦煌寫卷，S.388《正名要錄》仍作「𤰞」形，與「旱」形近。

〔註448〕《可洪音義》例由趙家棟博士檢示，謹致謝忱！

〔註449〕黃丕烈《戰國策札記》，收入《叢書集成新編》第109冊，新文豐出版公司1985年印行，第772頁。

無據。田宜超曰:「『嶺』即『塿』的轉音,《方言》卷 13:『冢……自關而東謂之丘,小者謂之塿。』」〔註 450〕尤是郢書燕說。

(2)子淵大怒曰:「奴寧欲賣耶?」惠曰:「奴父許人,人無欲者。」

錢熙祚曰:奴父許人,《御覽》作「奴大忤人」。

按:奴父許人,各本同。錢氏所引《御覽》乃卷 598,余所見五個版本,景宋本、日本宮內廳藏宋慶元五年跋刊本(下文省稱作「日藏宋本」)、四庫本、美國國會圖書館藏本《御覽》卷 598 引皆作「奴父訏人」,嘉慶仿宋刻本作「奴父許人」,無作「奴大忤人」之本,錢氏所據乃俗本。錢氏失校誤校頗多,茲據景宋本正之,下同。宋刊《初學記》、《事文類聚》、《事類備要》、《萬花谷》引亦作「奴父訏人」(古香齋本《初學記》同,四庫本《初學記》「訏」作「許」)。石聲漢曰:「大,守、宋俱譌為『父』。」汪維輝曰:「應作『大忤』,『父許』、『父訏』均係形近之誤。忤,違逆,觸犯,頂撞。」「大」是「父」形譌。奴父,猶言奴僕,一聲之轉。本書卷 6 張超《譏青衣賦》:「古之贅壻,尚猶塵垢。況明智者,欲作奴父?」許、訏,並讀為啎,不是誤字。《說文》:「啎,逆也。」猶言違逆、抵觸。字亦作午、忤、仵、迕、唐、吾、悟、逜、牾。音轉亦作御,《鶡冠子·近迭》:「吾下蔽上。」又《王鈇》作「逜」,馬王堆帛書《九主》作「唐」,《史記·范睢傳》作「御」。

(3)浚渠縛落

章樵注:落,籬落也。

按:浚,宋刊本《初學記》引誤作「俊」(古香齋本不誤)。章樵注是也。縛落,編製籬笆。《說文》:「杝,落也。」「杝」同「欐」、「籬」。落字亦作箈,《廣雅》:「箈,杝也。」「箈」即「落」。字亦作榕,蔣斧印本《唐韻殘卷》:「榕(榕),欐榕,出《音譜》。」字頭「榕」是「榕」形譌,《廣韻》正作「榕」。字亦作篧,或省作格。《集韻》:「格,籬格也,或作箈、篧。」

(4)鉏園研陌

章樵注:研,治。阡陌穴隙則塞之。

按:研,各本同,宋刊《初學記》、《御覽》卷 598、《萬花谷》引同(古香齋本《初學記》作「斫」),《事文類聚》、《事類備要》、《全漢文》作「斫」。

〔註 450〕田宜超《巴史勾沈》,《中華文史論叢》1986 年第 1 輯(總第 37 輯),第 131 頁。

汪維輝曰：「斫陌，當指斫除田埂（陌）上的荒草，今江南農村猶有此農活。作『研』恐是形誤。章樵注解作『研治阡陌』，似依誤文而強為之說，治阡陌用『研』字未聞。」陌，田間小路，田界。「研」、「斫」形近易譌〔註451〕。《爾雅》：「斫謂之鐯。」郭璞注：「钁也。」《說文》：「钁，大鉏也。」又「鉏，立薅斫也。」是斫亦鉏也。《說文》：「斸，斫也。」又「欘，斫也。」二字音義全同，當是一字異體。欘（斸）亦鉏類農具，諸字互相為訓。此文鉏、斫皆作動詞用，對舉成文，指鉏斫園陌之荒草。又疑「研」字不誤，讀為幵。《說文》：「幵，平也。」幵陌，平整田界。或讀為開，研、開並從幵得聲。《書·禹貢》：「導岍及岐。」《釋文》：「岍，又作汧，馬本作『開』。」是其音轉之證。《史記·秦本紀》、《秦始皇本紀》並有「開阡陌」語。開陌，修整田界。

（5）刻大枷

錢熙祚曰：《御覽》卷824引作「刻木為架」。

按：《初學記》、《事文類聚》、《事類備要》、《萬花谷》引同。《御覽》卷824有注：「架，擊禾也。」錢氏失引。《御覽》卷598引作「刻犬枷」。「大」、「犬」當是「木」形譌。「架」同「枷」。作「刻木為架」為長，與下句「屈竹作杷」對舉。「刻」疑「剡」形譌。《御覽》卷337引《通俗文》：「剡葦傷盜謂之槍。」又卷354引《風俗通》「剡」誤作「刻」，是其比。剡，削也。「剡木」是古成語。

（6）出入不得騎馬載車，踑坐大呶

按：呶，宋刊《類聚》引作「怒」（四庫本作「呶」）。黃侃曰：「踑，『箕』同。」汪維輝曰：「踑坐即箕踞。坐時臀部着地，兩腿張開，形似簸箕。是一種放誕不敬的坐姿。『踑坐』蓋西漢口語，未見他例。『箕踞』則是書面語，習見常用。呶，喧鬧，喧嘩。《藝》作『怒』非。」「踑坐」不是西漢口語，他書皆作「箕坐」，「踑」是「箕」俗字，字形不同而已。蔣斧印本《唐韻殘

〔註451〕《北史·齊宗室諸王傳》：「斫骨光弁。」錢大昕曰：「《廣韻》：『漢複姓有所（斫）胥氏。』此作『骨』，字相似而譌也。《恩倖傳》作『研胥光弁』，『研』又『斫』之譌，即一人。」錢大昕《二十二史考異》卷40，收入《叢書集成新編》第105冊，新文豐出版公司1985年影印，第433頁。所引《廣韻》「斫」誤刻作「所」，《嘉定錢大昕全集》第2冊不知校正，江蘇古籍出版社1997年版，第852頁。《北史》例由趙家棟博士檢示，謹致謝忱！

卷》：「踞，蹲。又跂踞，大坐。」「跂踞」即「箕踞」。《慧琳音義》卷 98：
「箕踞：顧野王云：『謂卻踞如箕狀也。』《禮記》云：『毋箕坐。』鄭玄注
云：『不敬也。』集從足作跂，非也。」慧琳以「跂」字為誤，非也。《文選·
酒德頌》：「銜杯漱醪，奮髯踑踞。」《世說新語·文學》劉孝標注引作「箕
踞」。《類聚》卷 19 引《竹林七賢論》：「箕坐相對。」

（7）垂釣刈芻

錢熙祚曰：「釣」字誤，當依《類聚》作「鉤」。垂，即「捶」字。

按：垂釣，各本同，《初學記》、《萬花谷》、《百官箴》卷 2 引亦同。《御
覽》卷 500、《事文類聚》、《事類備要》引作「垂鉤」，《全漢文》徑作「捶鉤」。
芻，《類聚》、《御覽》卷 500、《事文類聚》引作「蒭」。汪維輝曰：「捶鉤，鍛
打鐮刀。《方言》卷 5：『刈鉤，江淮陳楚之間謂之鉊，或謂之鐹；自關而西
或謂之鉤，或謂之鐮，或謂之鍥。』（陳連慶云：「鉤就是鐮刀。《說文》作『刉』，
云：『鐮也』。」）……捶訓鍛打，又寫作『鎚』。作『垂釣』乃淺人所改，不
可從。」錢、汪說非是。「垂釣」不誤，謂持竿而釣魚。

（8）結葦臘纑

章樵注：編葦以為簟，治麻以作布。鄭氏《詩》箋：竹葦曰簟。臘，緝治
也。《孟子》：「其妻辟纑。」注：「緝績其麻曰辟，練麻曰纑。」

按：《全漢文》作「躐纑」，無據。汪維輝曰：「躐，踐踏，踩踏。寫作
『臘』應是音近之誤。」汪說未是。章樵注：「臘，緝治也。」臘，讀作撒。
《說文》：「撒，理持也。」音轉亦作撩，俗作料。《說文》：「撩，理也。」
《廣雅》：「料，理也。」《玄應音義》卷 14：「撩理：《通俗文》：『理亂謂之
撩理。』謂撩捋整理也。今多作料量之料字也。」《說文》：「纑，布縷也。」
桂馥引此文為證〔註452〕。臘纑謂撩捋整理麻絲以製作布縷。

（9）沃不酪，住酗醷

章樵注：酗醷，舊音徂模。沃，飲也。乳汁作漿曰酪。酗醷，亦美漿，醍
醐之屬。奴當甘虀淡，不得求美飲。

錢熙祚曰：此句誤甚，當依《初學記》作「汲水酪」。「住」字誤，當依
《初學記》作「佐」。

〔註452〕桂馥《說文解字義證》，齊魯書社 1987 年版，第 1142 頁。

　　按：①沃不酪：各本同。李兆洛說同錢氏。宋刊《初學記》作「▓不酪」，《事文類聚》、《事類備要》、《萬花谷》引作「綌不絡」，《文章辨體彙選》卷51作「汲水酪」，《全漢文》作「汲水絡」。「▓」即「沃」俗字。「▓」也可是「泬」俗字，故又形譌為「綌」。「絡」是「酪」形譌。作「汲水酪」乃明清人所臆改。「沃」字不誤，「沃」是「渓」省體，《說文》：「渓，漑灌也。」疑「不酪」讀作「栖筓」，指盛栖的器籠。《說文》：「筓，栖筓也。」又「筓，栖筓也。」字亦作「栖落」、「杯落」、「栖筶」，《方言》卷5：「栖落（郭璞注：『盛栖器籠也。』），陳楚宋衛之間謂之栖落，又謂之豆筥；自關東西謂之栖落。」《廣雅》：「筓，杯落也。」《玉篇》：「筶，栖筶也，籠也。」〔註453〕又作「不落」，轉指酒器。《清異錄》卷下《器具》：「水晶不落：白樂天《送春詩》云：『銀花不落從君勸。』不落，酒器也，乃屈卮鑿落之類。開運宰相馮玉家有滑樣水晶不落一隻。」清華簡（六）《管仲》：「皮茗賅成，安（焉）為賞罰。」「皮茗」亦「栖筓」轉語，句謂酒器已經準備好，乃行賞罰。此文沃栖筓，指澆水洗滌酒杯。②宋刊《初學記》作「住」，《古文苑》各本同，《事文類聚》、《事類備要》、《萬花谷》引亦同。《初學記》注：「酤，音徂。醵，音莫。」《文章辨體彙選》、《全漢文》作「佐酤醵」，則作「佐」亦是明清人所臆改。「酤醵」二字，宋代以前字書韻書皆未收。章樵注：「酤醵，亦美漿，醍醐之屬。」《字彙》、《正字通》二書「酤」、「醵」二條皆承章說。汪維輝曰：「佐酤醵，猶言助釀美酒。『酤醵』當為疊韻聯綿詞，章樵釋義可從。」「住」疑「注」借字。注，灌也，與「沃」字義同。古音且、乍、昔相轉，「酤」疑是「酢」、「醋」俗字。「醵」是「酪」音轉俗字。「酤醵」即「酢酪」、「醋酪」。《楚辭·大招》：「和楚酪只。」王逸注：「酪，酢截也。言取鮮潔大龜，烹之作羹，調以飴蜜，復用肥雞之肉，和以酢酪，其味清烈也。」P.3930《醫方書》：「治人口瘡方：含朴消即差。又方：酢酪一升即差。」孫思邈《千金翼方》卷21：「食禁粘食五辛生冷大醋酪白酒豬魚雞犬驢馬牛羊等肉。」③又疑「不酪」是「杏酪」脫誤。「杏」脫誤作「木」，又形誤作「不」，其義遂晦。梁·宗懍《荊楚歲時記》引晉·陸翽《鄴中記》：「寒食三日為醴酪，又煮糯米及麥為酪，擣杏仁，煮作粥。」又引《玉燭寶典》：「今人悉為大麥粥，研杏仁為酪，引餳沃之。」《初學記》卷4引同。《白氏六帖事類集》卷1引《玉

〔註453〕釋文原作「栖也，筶籠也」，據胡吉宣說乙作「栖筶也，籠也」。《集韻》「筶，籠也。」胡吉宣《玉篇校釋》，上海古籍出版社1989年版，第2777頁。

燭寶典》：「今人研杏人為酪，以煮麥粥，以餳沃之。」《歲華紀麗》卷 1 引
《玉燭寶典》：「今人研杏仁為酪，煮粥，引餳沃之。」此即「沃杏酪」事。
《禮記‧禮運》：「以為醴酪。」鄭玄注：「酪，酢酨。」《說文》：「酨，酢漿
也。」「酢」同「醋」，酸也。是「酪」為酸漿。《全漢文》徑改作「汲水絡」，
不知所云。

（10）種薑養芋

按：芋，宋九卷本、廿一卷本作「羊」，宋刊《初學記》、《類聚》、《御覽》
卷 500、598、《事文類聚》、《事類備要》、《萬花谷》引亦作「羊」（古香齋本
《初學記》、四庫本《類聚》作「芋」）。陸以湉、李兆洛謂當作「養芋」。石聲
漢曰：「芋，當依宋、鮑作『羊』。」汪維輝曰：「芋，芋頭，作『羊』者形誤。」
「芋」是「羊」形譌，後人改作「芋」與「豬」、「駒」合韻，不知此非韻字也。
元‧王禎《王氏農書》卷 8：「養羊種薑，子利相當。」明‧徐光啟《農政全
書》卷 28 同。光緒鉛印本《新會鄉土志》卷 14 引諺云：「種薑養羊，無本得
利。」《光緒四會縣志‧輿地志》引諺云：「養羊種薑，無本之利。」

（11）別茄披蔥

章樵注：菜茄別其種而植。蔥披散而植之。

按：別茄，各本同，《初學記》、《御覽》卷 598、《事文類聚》、《事類備
要》、《萬花谷》引亦同；《全漢文》作「別落」，無據。黃侃曰：「茄，當為『茗』。
梭、蔥為韻。」石聲漢曰：「披蔥，菜蔬別其種而種。」汪維輝曰：「真大成
云：別，可能是移栽的意思，《齊民要術‧水稻》引崔寔曰：『五月，可別稻
及藍，盡夏至後二十日止。』繆啟愉《校釋》：『別，移栽。移栽是一般的分
栽還是育秧移栽，不清楚。』又《種藍》引崔寔曰：『榆莢落時，可種藍。五
月，可別藍。六月，可種冬藍。』又《種蔥》引崔寔曰：『三月別小蔥，六月
別大蔥，七月可種大、小蔥。』『別』皆此義。按，上揭《要術》引崔寔三例
或出《四民月令》（第一例見於《玉燭寶典‧五月》引《四民月令》），『別』
謂移栽則是漢時常語。游修齡《中國農業科技年譜》也講：『二世紀水稻移栽
見於記載，時稱為別稻。』大約是根據《四民月令》。『別茄』或許就是移栽
茄子之義。維輝按，友生王英華《釋〈僮約〉「別茄披蔥」》一文（未刊稿）
亦以為『別茄』是移栽茄子，引《大戴禮記‧夏小正》及《齊民要術》以證
『別』有移栽義，並指出『別』後來寫作『荊』，如《玉篇》：『荊，種概移蒔

也。」《慧琳音義》卷 81「經荊」注引《埤蒼》云:「荊,謂種概分移蒔之也。」
〔註454〕「茄」這個名稱的始見年代,就目前所見資料而言,「茄子」一詞最
初見於南朝宋劉義慶所撰的《幽明錄》,係用作地名:「家近在茄子浦。」(《太
平廣記》卷 376 引)此外就是《齊民要術》中見到五次(均稱「茄子」,未見
單用例)。而且《齊民要術》「種茄子法」一條未引任何前代文獻,與全書體
例頗不相合。」真、王二君說「別」是移栽、移植義,是也。S.840《字音》
有「荊」字。蔣斧印本《唐韻殘卷》亦引《埤蒼》:「荊,種概移蒔之。」《集
韻》:「荊,移蒔也。」桂馥早已指出「別或作荊」,引《玉篇》為證〔註455〕。
胡吉宣曰:「荊之言別,分別更種之也(『蒔』下云:『更種也。』),字本止作
『別』,《齊民要術》引《四民月令》云『三月別小蔥,六月別大蔥』,是也。」
〔註456〕《說文》:「蒔,更別種。」《方言》卷 12:「蒔,更也。」《玄應音義》
卷 22:「蒔,栽蒔也,謂更種曰蒔也。」可知「別」與「蒔」同義,指更種。
「茄」亦作「伽」,本書卷 4 楊雄《蜀都賦》:「盛冬育筍,舊菜增伽。」章樵
注:「筍,今作筍,竹萌也。伽,今作茄。隆冬時筍已生,茄子冬月尚多。」
黃侃校「茄」作「茗」,無有確證。

(12)焚槎發等,壟集破封

章樵注:地有枯枿就燒之,借火氣以發土性。等,齊也。聚其灰土,剖其
堅壤,皆治圃之法。

錢熙祚曰:「等」字誤甚,章氏乃彊解之。當依《御覽》作「芋」。《御覽》
又有注云:「蜀土收芋,皆窖藏之,至春乃發。」可見其為「芋」字無疑。

按:周悅讓曰:「燒枯枿,借火氣以發土性,使等齊也。」乃採章說。等,
各本同。陸以湉、李兆洛亦謂「發等」當作「發芋」。宋刊《初學記》引「等」
作「　」(古香齋本、四庫本作「疇」),《御覽》卷 598 引作「芋」,《事文類
聚》、《事類備要》、《萬花谷》引作「筍」,《漢魏六朝百三家集》卷 6、《文章
辨體彙選》卷 51 作「疇」。「發筍」是捕魚事,與此無涉,作「筍」必是誤字。
《御覽》作「發芋」,《齊民要術·種芋》引《家政法》云「二月可種芋也」,
於文正合。至於《御覽》注「蜀土收芋,皆窖藏之,至春乃發」,乃此篇佚文
「淪(淪)麥窖芋」注語,不是此處注語,錢說非是,李兆洛誤同。胡文英

〔註454〕引者按:《慧琳音義》注引《埤蒼》見卷 80,不是卷 81,又卷 99 引同。
〔註455〕桂馥《說文解字義證》「蒔」字條,齊魯書社 1987 年版,第 88 頁。
〔註456〕胡吉宣《玉篇校釋》,上海古籍出版社 1989 年版,第 2741 頁。

曰：「等，平聲。王褒《童約》：『焚槎發等。』」案：樹根樁也。吳中謂樹根樁
曰木等頭。」〔註 457〕胡說於典無徵，「木等頭」當作「木墩頭」。又疑「等
（葶）」是「籌」形譌，讀作疇，指田畛。發疇，猶言耕作田畛。集，聚也，
此作名詞。壟集，猶言田壟。破封，去除冬季的冰封層。壟集破封，猶言破
壟集之封。

（13）日中早夔，鷄鳴起春

章樵注：夔，復音，曝曬也。賈誼《策》「日中必夔」，音衛。

按：夔，宋九卷本作「𡕥」，廿一卷本作「𡕥」，並注云「復音」。宋刊
《初學記》引作「𡕥」，注：「音復。」古香齋本《初學記》作「𡕥」，注：「音
衛。」《事文類聚》、《事類備要》、《萬花谷》引作「蓄」（《萬花谷》「中」誤
作「月」）。李兆洛曰：「𡕥，此字未詳。《御覽》在所不引中，無以訂之。章
樵本作『夔』，然與『復音』不合也。」此字音復，則必非「夔」字。章樵據
《漢書》改作「夔」，又改注音作「音衛」，非是。作「蓄」無義，音亦不合。
當從宋廿一卷本作「𡕥」，「𡕥」當是「𡕥」異體字，故音復。《玉篇》：「𡕥，
邪。」日中早𡕥，言日過了正中位置即已傾邪，指時間易逝，當不失時而勞
作。《易・豐》：「日中則昃。」《莊子・天下篇》：「日方中方睨。」《淮南子・
道應篇》：「日中而移。」《文子・九守》作「日中則移」。皆足證此文之誼。
昃，日側也。睨、移皆昃借字，日斜也。

（14）調治馬驢，兼落三重

章樵注：落，當作烙，謂燒鐵烙蹄，令堅而耐踏。《莊子・馬蹄篇》：「伯
樂治馬，燒之，剔之，刻之，雒之。」

錢熙祚曰：「驢」誤，《御覽》引作「戶」。又有注云：「馬戶，水門也。」

按：①驢，景宋本《御覽》卷 598 引作「𬬻」（日藏宋本同），不作「戶」，
注云：「馬戶，水門也。」《御覽》「馬」當作「焉」，屬上句「至春乃發」；注
當作「戶，水門也」。宋九卷本、廿一卷本作「馬馿」，宋刊本《初學記》引
同（古香齋本作「馬驢」）；《萬花谷》引作「馬牛」，《事文類聚》、《事類備
要》引作「牛馬」。汪維輝曰：「當以作『馬驢』為是。『𬬻』是『驢』字的形
誤，『戶』則可能是據下句『兼落三重』而臆改。『調治』謂調養治療，賓語

〔註 457〕胡文英《吳下方言考》卷 4，收入《續修四庫全書》第 195 册，上海古籍出
版社 2002 年版，第 34 頁。

作『馬驢』正合。」「馿」是「驢」俗字，因而脫誤作「戶」字。②周悅讓採章說。兼落，《初學記》、《事文類聚》、《事類備要》、《萬花谷》引同，《御覽》卷 598 引作「魚落」，注云：「蜀每落流水養魚，欲食乃取之。」石聲漢曰：「兼，宋作『魚』，似勝。」「魚」當是「兼」形譌，《御覽》注語乃據誤字而作。落，讀為絡，馬驢之絡繩也。

（15）關門塞竇

按：《事文類聚》、《事類備要》、《萬花谷》引誤作「閉門熏竇」。汪維輝曰：「竇，門旁小戶。也指狗洞。」汪後說非是。竇，讀為窬，指門旁圭形小門。章太炎篆書《僮約》作「窬」〔註 458〕，是章氏正讀竇為窬，而改用本字書之也。《左傳·哀公十七年》：「闔門塞竇。」傅遜曰：「竇，古字作窬。《說文》亦引『圭竇』作『圭窬』。」陸粲說同，洪亮吉從傅遜說〔註 459〕。又《襄公十年》：「篳門閨竇之人。」杜預注：「閨竇，小戶，穿壁為戶，上銳下方，狀如圭也。」《說文》「篳」字條引「閨竇」作「圭窬」。《禮記·儒行》：「篳門圭窬。」鄭玄注：「圭窬，門旁窬也。穿牆為之如圭矣。」《文選·贈何劭王濟》李善註、《周禮·匠人》賈疏、《類聚》卷 35、《玄應音義》卷 9、《慧琳音義》卷 92、《御覽》卷 484 引並作「圭竇」，《御覽》卷 188 引作「閨竇」。

（16）不得辰出夜入，交關伴偶

按：①辰，《初學記》、《類聚》、《御覽》卷 500、《事文類聚》、《事類備要》、《萬花谷》引作「晨」。汪維輝曰：「辰，通『晨』。」②伴，《初學記》引同，宋刊《類聚》引作「侔」（四庫本作「伴」）。汪維輝曰：「交關：結交，結識。此詞《僮約》始見，漢魏六朝時期有用例，如《三國志·魏書·曹真傳》：『外既如此，又以黃門張當為都監，專共交關，看察至尊，候伺神器，離間二宮，傷害骨肉。』《抱朴子外篇·正郭》：『遨集京邑，交關貴遊。』侔偶，《大詞典》作『伴偶』，釋為『伙伴；朋友』，僅引此例。此當是漢代口語詞，作『侔偶』和『伴偶』均未見他例，是非難定。『侔偶』可能是疊韻連綿

〔註 458〕 吳晨主編《山輝蘊玉——館藏章太炎先生書法集》，杭州出版社 2011 年版，第 78 頁。

〔註 459〕 傅遜《春秋左傳注解辯誤》卷下，萬曆十三年日殖齋刻本，傅遜《左傳屬事》卷 15（四庫全書本）說同。陸粲《左傳附注》卷 5，四庫全書本。洪亮吉《春秋左傳詁》卷 20，中華書局 1987 年版，第 890 頁。「《說文》亦引圭竇作圭窬」是傅遜語，中華書局點校本《左傳詁》誤作洪亮吉語。

詞，作『伴偶』者蓋形近而誤。」「交關」是漢晉人成語，錢大昕有說〔註460〕。關亦交也，同義複詞。作「伴偶」是，亦同義複詞。「伻」是「伴」形譌字。「伴」字《說文》作「扶」，云：「扶，並行也，讀若伴侶之伴。」典籍皆借「伴」字為之，《玉篇》：「伴，侶也。」《集韻》：「伴，偶也。」黃侃臆改作「併偶」，無據。

（17）推紡惡敗梭索

　　章樵注：梭索，所以串錢。紡，即放字。損敗者推棄之。

　　錢熙祚曰：《御覽》「紡惡」作「訪坒」，並未詳。「敗」字誤，當依《御覽》作「販」。

　　按：周悅讓採章說。推紡惡，宋九卷本、廿一卷本、明本、龍谿本、墨海本同，宋刊《初學記》、《事文類聚》引亦同（古香齋本《初學記》「紡」作「訪」），四庫本作「推訪惡」；景宋本《御覽》卷598引作「推紡坒」（日藏宋本同），注云：「訪坒，白墡地。」正文不作「訪坒」。《事類備要》引作「椎紡惡」。各本都作「敗」，《初學記》、景宋本《御覽》卷598引亦同（日藏宋本同，不作「販」），《事文類聚》、《事類備要》引作「販」。梭，明成化本作「樱」，《御覽》卷598、《事類備要》引亦作「樱」，古香齋本《初學記》引作「𣚃」（宋刊本誤作「稷」）。《御覽》注：「樱，栟櫚也，皮可為繩。」黃侃曰：「『訪』當為『紡』之譌。坒、索為韻。」石聲漢從黃說，又云：「販，守、鮑譌為『敗』。」汪維輝曰：「此句當讀作『推訪坒，販梭索』。『販梭索』就是販賣梭繩（非錢串子），作『敗』當是『販』的形誤。『推訪坒』則尚難以確釋：如果切分成『推訪／坒』，則與下句失對；讀作『推／訪坒』，則語意不明。待詳。」「樱」是「梭」俗字，「𣚃」則是形譌。「推紡惡敗梭索」作一句讀。章樵注以「推放」為複詞。「惡敗」為詞，猶言敗壞。句言推棄敗壞的梭索。

（18）販於小市，歸都擔枲，轉出旁蹉

　　章樵注：枲，胥里切，麻也。《禹貢》：岱畎絲枲。負販出小路。

　　按：轉出：猶言轉到，指改道而行。汪維輝曰：「旁蹉，章樵以為指小路，《大詞典》即據此釋作『岔路；小路』，僅引《僮約》一例及章注；陳連慶則以為地名。《御》卷598又認為『蹉』是市名，范文瀾從之。三家所說，均無

〔註460〕　參見錢大昕《恆言錄》卷1，收入《錢大昕全集》第8冊，江蘇古籍出版社1997年版，第29～30頁。

確據。存疑待考。」《御覽》卷 598 注「蹉，市名」，其說無據。章樵注「負販出小路」，其說是也。「蹉」是「差」增旁字，讀去聲。旁差，指旁側差出的岐路，即小路。《廣雅》：「差，衺也。」王念孫曰：「《說文》：『差，貳也，差不相值也。』是衺出之義也。《大戴禮·保傅篇》云：『立而不跛，坐而不差。』《淮南子·本經訓》：『衣無隅差之削。』高誘注云：『隅，角也。差，邪也。皆全幅為衣裳，無有邪角也。』《說文》：『𥯤，衺斫也。』『𥯤』與『差』聲義亦相近。」〔註461〕王氏所引《大戴》，《賈子·胎教》亦作「坐而不差」，一本作「蹉」，又一本作「譐」。《吳越春秋·勾踐陰謀外傳》：「夫射之道……左〔足〕蹉，右足橫，左手若附枝，右手若抱兒。」謂左足向前蹉出。「蹉」指足衺出也，俗字作「叉」、「跤」。此文指衺出之路，俗字作「岔」。

（19）楊氏池中擔荷

章樵注：楊氏池產荷，其莖茄，其花芙蓉，其實蓮，其根藕，皆可販賣。

錢熙祚曰：《御覽》有注云：「楊氏，池名，出荷。」然則正文「池中」二字當衍。

按：古香齋本《初學記》、《事文類聚》、《事類備要》引同（宋刊《初學記》「擔」作「檐」）。景宋本《御覽》卷 598 引作「楊氏池中掘荷」（日藏宋本同），注作「楊氏池出好〔荷〕」。汪維輝曰：「章樵及《御》卷 598 注皆以『楊氏』為姓楊之人，『荷』為荷花；梁劉孝威《謝東宮賚藕啟》：『根出楊池，聞之《僮約》。』理解亦同。范文瀾云：『楊氏，池名。』恐均不可從。此句不當有『池中』二字，不然句式就不整齊了。『楊氏』當是地名。『擔』指揹、挑。荷，陳連慶謂『當指蓮藕而言』，可從。」「池中」二字不可刪。「擔」當據《御覽》作「掘」，後周·庾信《謝趙王賚絲布等啟》：「楊池掘荷，李園移樹。」正用此典，是庾信所見亦是「掘」字。「楊池」是「楊氏池」省文，指楊氏家的荷池。

（20）奴自交精惠，不得癡愚

章樵注：惠，與「慧」通。

錢熙祚曰：「交」字誤，當依《御覽》作「教」。

按：宋九卷本、廿一卷本作「交」，《初學記》引同。惠，古香齋本《初學

記》、《御覽》卷 598 引作「慧」（宋刊《初學記》作「惠」）。汪維輝曰：「教、交字通，使也，令也。精慧，精細聰明。漢人語。癡愚，同義連文，應是西漢口語詞。上古多說『愚』，『癡』字先秦文獻未見，當是漢代產生的一個新詞。《方言》卷 10：『癡，騃也。』可見西漢方言口語中有這個詞。」錢說誤，汪說「教、交字通」是也。張相曰：「教，猶使也，通作交。」〔註 492〕所舉例雖晚，據此正可上溯到後漢。精惠，讀作「精慧」，精明。「癡」字古或省作「疑」，字也作儗、懝、譺。《說文》：「佁，癡皃，讀若駭。」錢坫曰：「《莊子》：『侗乎其無識，儻乎其怠疑。』怠疑即佁癡。《大人賦》：『仡以佁儗。』佁儗亦即佁癡。此讀若駭者，猶言人駭癡也。」〔註 463〕佁、癡一聲之轉，複言則曰「佁癡」、「佁儗」。《說文》：「懝，騃也。」又「譺，騃也。」二字音義全同。段玉裁曰：「懝騃，即《方言》之『癡騃』。《疒部》曰：『癡，不慧也。』」〔註 464〕

（21）多取蒲苧，益作繩索

章樵注：紵，音苧，皮麻屬也。

按：蒲苧，《初學記》引作「蒱苧」，注：「苧，音佇。」《類聚》、《御覽》卷 500、598、《事文類聚》、《事類備要》引「苧」作「茅」。益，《御覽》卷 598 引誤作「蓋」。石聲漢曰：「苧，宋本作『茅』。」汪維輝曰：「蒲，蒲草。苧、紵同，都指苧麻。作『茅』非。」「蒱」是「蒲」俗字，「苧」當是「苧」形譌。汪氏未言「苧」何以譌作「茅」，今謂「茅」當是「苧」形譌，「苧」是「苧」異體字，字亦作「紵」。《說文》：「苧，草也，可以為繩。」《玉篇殘卷》：「草名之紵，或為苧字，在《草部》。」《玉篇》：「苧，草可以為繩。苧，同『苧』。」《史記·司馬相如傳》《上林賦》：「蔣苧青薠。」《漢書》同，李善本《文選》「苧」作「苧」〔註 465〕。《文選·南都賦》：「其草則藨苧薠莞，蔣蒲蒹葭。」李善注：「苧，直呂切，《說文》曰：『可以為索。』」是李善也認為「苧」即《說文》之「苧」。「苧」或作「杼」，「柠」或作「杼」，是其比也。《龍龕手鏡》：「茅，或作。苧，正，直呂反，草名也。」亦已誤認「苧」作「茅」矣。《管子·小匡》：「首戴苧蒲。」「苧蒲」即此文之「蒲苧」，《國語·齊語》誤作「茅

〔註 492〕張相《詩詞曲語辭匯釋》卷 1，中華書局 1979 年版，第 102 頁。
〔註 463〕錢坫《說文解字斠詮》卷 8，收入《續修四庫全書》第 211 冊，上海古籍出版社 2002 年版，第 660 頁。
〔註 464〕段玉裁《說文解字注》，上海古籍出版社 1981 年版，第 509 頁。
〔註 465〕五臣本《文選》及《類聚》卷 66 形誤作「苧」。

蒲」，《萬花谷》前集卷 25、《本草綱目》卷 38 引《管子》誤同。韋昭注：「茅蒲，簑笠也。茅，或作萌。萌，竹萌之皮，所以為笠也。」韋氏所見本已誤，黃丕烈引段玉裁說已訂正作「苧」〔註 466〕。章樵注「苧，皮麻屬」，汪維輝從其說，非是。

（22）根門柱戶，上樓擊鼓

章樵注：鼓，一作柝。

按：①根門柱戶，古香齋本《初學記》、《御覽》卷 598 引同（宋刊本《初學記》「根」誤作「垠」），《御覽》卷 500 引作「槍門柱戶」，《類聚》引作「搶門挂戶」，《事文類聚》、《事類備要》引作「振門挂戶」，《萬花谷》引作「撐撥挂戶」。汪維輝曰：「根，本是名詞，可指門柱、支柱、木棒等，這裏用如動詞，指挂、撐。柱、挂古通，也是撐挂義。作『搶』當是形誤。」「根」、「振」同，俗作「撐（撐）」字，與「柱（挂）」同義對舉。「搶」是「槍」俗字，亦抵拒義，不是誤字。《說文》：「槍，距也。」②鼓，《初學記》、《御覽》卷 598、《事文類聚》、《事類備要》引同，宋刊《類聚》引作「拆」（四庫本作「鼓」），《御覽》卷 500 引作「柝」。《御覽》注云：「漢時官不禁報怨，民家皆作高樓，致其上，有急則上樓擊以告邑里，令救助也。」「拆」是「柝」形譌，與一本合。汪維輝曰：「作『擊鼓』是，『鼓』與『戶』韻，作『柝』則失韻。」作「鼓」作「柝」皆可，漢代「柝」亦合韻，魚、鐸通轉。

（23）椅盾曳鈝，還落三周

章樵注：盾可蔽身，矛可刺賊，所以巡警盜竊也。

錢熙祚曰：「椅」字誤，當依《初學記》作「荷」。鈝，當作「矛」。

按：①椅盾曳鈝：宋九卷本、廿一卷本、墨海本同，明本作「椅盾曳鈝」，龍谿作「倚盾曳鈝」，四庫本作「椅盾曳矛」。宋刊《初學記》引作「掎盾曳舒」（古香齋本作「荷盾曳矛」），《類聚》、《事文類聚》、《事類備要》引作「持盾曳矛」，《御覽》卷 500、598 引作「持楯曳矛」。汪維輝曰：「『荷』是肩扛，作『持』作『椅』均不可取。」作「荷」是後人所改。「椅」、「倚」是「掎」借字，執持也。「鈝」是「矛」增旁字。「舒」同「舒」，是「鈝」缺筆誤字。②還，《初學記》、《御覽》卷 500、598 引同，《類聚》、《事文類聚》、《事類

〔註 466〕黃丕烈《校刊明道本韋氏〈國語〉札記》，收入《叢書集成初編》第 3682 冊，中華書局 1985 年影印，第 250 頁。

《備要》引作「環」。黃侃曰:「還,讀為環。」

（24）奴不得有奸私,事事當聞白

錢熙祚曰:聞,《御覽》作「關」。

按:《初學記》、《御覽》卷 500、598、《萬花谷》引「事」字不重。錢氏所據《御覽》乃卷 598,宋九卷本、廿一卷本作「聞」,宋刊《初學記》、《御覽》卷 500 引同（古香齋本《初學記》作「關」);宋刊《類聚》引作「開」（四庫本作「關」),《事文類聚》、《事類備要》、《萬花谷》引作「關」。汪維輝曰:「『事事』作『事』誤,文意難通。關白猶言報告,係同義連文。『關』作『開』作『聞』均誤。《漢書·霍光傳》:『諸事皆先關白光,然後奏御天子。』東漢譯《中本起經》卷上:『王問憂陀:悉達在宮,與卿獨親,入出周旋,無所關白。今使來還,何得自外詣門求通耶?』《三國志·吳書·呂範傳》:『初策使範典主財計,權時年少,私從有求,範必關白,不敢專許,當時以此見望。』」汪說是。白,稟告。關,讀為貫,通也,在此亦是報告義。銀雀山漢簡《尉繚子》:「試聽臣之……知（智）,不得關一言。」《淮南子·主術篇》:「市南宜僚弄丸,而兩家之難無所關其辭。」《越絕書》卷 6:「二人以為胥在,無所關其辭。」又卷 7:「伍子胥在,自與不能關其辭。」

（25）讀券文徧訖,詞窮咋索

章樵注:咋,音窄。索,色窄切。

錢熙祚曰:「咋」字誤,當依《類聚》作「詐」。

按:徧,《初學記》引同,《類聚》、《御覽》卷 500、《事文類聚》、《事類備要》引無此字,《御覽》卷 598 引作「適」,《海錄碎事》卷 7 引作「遍」。「徧」同「遍」,形誤作「適」。咋,各本同,《初學記》、《御覽》卷 500、《事文類聚》、《事類備要》、《萬花谷》、《慈湖詩傳》卷 19 引亦同。宋刊本《類聚》、《御覽》卷 598 並作「辭窮詐索」（四庫本《類聚》作「咋」字）。汪維輝曰:「咋索:應是疊韻連綿詞,意為說不出話來的樣子。此當是西漢口語詞。未見他例,亦未見辭書收錄。」錢說是也,「詐索」與「詞窮」對文,「索」、「窮」都是窮盡義。「辭窮詐索」是說僮奴的言辭、詭計都窮盡了。

（26）仡仡扣頭,兩手自搏

章樵注:仡,音屹,恐畏不能言狀。

　　按：扣，《初學記》引同，《類聚》、《御覽》卷 500、598、《事類備要》、《慈湖詩傳》卷 19 引作「叩」。汪維輝曰：「仡仡，章樵注釋作『恐懼不能言貌』，似有望文生訓之嫌，缺乏依據。《大詞典》『仡仡』有『勤苦貌』義，『仡』通『劼』。《晏子春秋·內雜下六》：『因（引者按：當作『固』）欲登彼相相之上，仡仡然不知厭。』吳則虞《集釋》引蘇輿云：『仡與劼同義。仡、劼一聲之轉。《小爾雅》（引者按：當是《廣雅》）：「劼，勤也。」《廣韻》：「劼，用力也。」』『仡仡叩頭』即用力叩頭、連連叩頭。叩頭，西漢口語，秦以前未見。」汪氏解「仡仡」為用力叩頭，是也。仡仡，用力貌。字亦作「劼劼」、「揢揢」、「砳砳」，《廣雅》：「劼、劼，勤也。」王念孫曰：「《眾經音義》卷 1 引《埤倉》云：『劼，力作也。』《莊子·天地篇》云：『揢揢然用力甚多。』《晏子春秋·雜篇》云：『仡仡然不知厭。』王褒《聖主得賢臣頌》云：『勞盤苦骨，終日砳砳。』並字異而義同。」〔註 467〕王說是也，字亦作「劼劼」、「屹屹」、「兀兀」、「矹矹」、「窟窟」等形，皆狀用力貌，或狀用力之聲〔註 468〕。「扣」、「叩」皆「敂（敂）」俗字。黃侃曰：「『叩擊』、『叩頭』皆借為敂。」〔註 469〕字亦作跔，《淮南子·精神篇》：「捧心抑腹，膝上叩頭。」高誘注：「叩或作跔。跔讀車軥之軥也。」朱駿聲曰：「跔，叚借為敂。」〔註 470〕朱說是也。王海根曰：「扣，通『磕』。」〔註 471〕王說非是。

（27）掄麥窖芋（《御覽》卷 598 所引佚文）

　　《御覽》注：掄麥，種麥也。

　　按：「麥」俗字作「麦」，因而形譌作「夌」〔註 472〕，注文作「麥」不誤。

〔註 467〕 王念孫《廣雅疏證》，收入徐復主編《廣雅詁林》，江蘇古籍出版社 1992 年版，第 320 頁。

〔註 468〕 參見蕭旭《〈世說新語〉「窟窟」正詁》，收入《群書校補（續）》，花木蘭文化出版社 2014 年版，第 2027～2036 頁。

〔註 469〕 黃侃《說文段注小箋》，收入《說文箋識》，中華書局 2006 年版，第 193 頁。

〔註 470〕 朱駿聲《說文通訓定聲》，武漢市古籍書店 1983 年版，第 350 頁。

〔註 471〕 王海根《古代漢語通假字大字典》，福建人民出版社 2006 年版，第 343 頁。

〔註 472〕 《博物志》卷 3「其實食之如大麥」，《御覽》卷 994 引作「大麦」。《荊楚歲時記》引《玉燭寶典》「今日悉為大麥粥」，《御覽》卷 30 引作「大麦」。S.2053V《籝金》「兩岐麦」，P.2537 同，「麦」亦「麦」形譌。《隸釋》卷 3《楚相孫叔敖碑》「南郡江南郡江陵縣」，《古文苑》卷 19「陵」作「陵」。敦煌寫卷「崚」譌作「峻」，「菱」譌作「荾」，「陵」譌作「陵」，「綾」譌作「綾」，「凌」譌作「凌」，「麦」譌作「麦」（參見黃征《敦煌俗字典》，上海教育出版社 2005 年版，第 249～250、263 頁），《龍龕手鏡》「鋟」譌作「錢」，「剗」譌作「勁」，

《御覽》注是也，此時是十月，所種者冬麥。「擒」字當作「淪」。《說文》：「淪，漬也。」猶言浸泡。字亦作漖，《莊子·知北遊》：「汝齊戒，疏漖而心，澡雪而精神。」《釋文》：「漖，音藥，或云：漬也。」古人種植農作物，須先浸泡其種子，使其生長耐旱、耐寒、無蟲。《周禮·地官·司徒》：「凡糞種，騂剛用牛。」鄭玄注引鄭司農曰：「用牛，以牛骨汁漬其種也，謂之糞種。」此漬種之說。《釋名》：「蘗，缺也，漬麥覆之，使生牙開缺也。」《齊民要術·大小麥》引《氾勝之書》：「當種麥，若天旱無雨澤，則薄漬麥種以酢漿並蠶矢，夜半漬，向晨速投之，令與白露俱下。酢漿令麥耐旱，蠶矢令麥忍寒。」《御覽》卷 838 引《氾勝之書》：「漬麥種以酢漿，無蟲。」《四時纂要》卷 4：「漬麥種，若天旱無雨澤，以醋漿水並蠶矢薄漬麥種，夜半漬露卻，向辰速收之，令麥耐旱。」此浸漬麥種之說。《齊民要術·水稻》：「地既熟，淨淘種子，漬經三宿，漉出。」又《旱稻》：「二月半種稻為上時，三月為中時，四月初及半為下時，漬種如法，裛令開口。」元·魯明善《農桑衣食撮要》卷上「浸稻種」條云：「早稻清明節前浸，晚稻穀雨前後浸。」此浸漬稻種之說。《漢書·郊祀志》：「又種五梁禾於殿中，各順色置其方面，先鬻鶴髓、毒冒、犀玉二十餘物漬種，計粟斛成一金。」顏師古曰：「鬻，古煮字也。髓，古髓字也。謂鬻取汁以漬穀子也。」《資治通鑑釋文》卷 4：「漬種，浸漬其種也。」此浸漬五梁禾種子之說。古人收藏種子亦浸漬之，使其無蟲。《論衡·商（適）蟲》：「神農、后稷藏種之方，煮馬屎以汁漬種者，令禾不蟲。如或以馬屎漬種，其鄉部吏，鮑焦、陳仲子也。」

　　《王褒〈僮約〉校補》刊於《傳統中國研究集刊》第 18 輯，上海社會科學院出版社 2018 年 5 月出版，第 222～235 頁。

班固《弈旨》校補

（1）局必方正，象地則也；道必正直，神明德也

　　錢熙祚曰：《御覽》卷 753「神」作「體」。

　　按：各本都作「神」，《類聚》卷 74、《事文類聚》前集卷 42、《合璧事類備要》前集卷 57 引同。作「體」無據。《爾雅》：「神，重也。」梁武帝《圍棋賦》：「圍奩象天，方局法地。」

「崚」譌作「岐」。皆是其比也。

（2）夫博懸於投，不專在行

章樵注：投，今作「骰」，博具也，以骨為之。

按：懸，《史記·蔡澤傳》《集解》引「懸」作「縣」，「專」作「必」。《演繁露》卷6：「博之流為撶蒱，為握槊（即雙陸也），為呼博，為酒令，體製雖不全同，而行塞勝負取決於投則一理也。蔡澤說范雎曰：『博者或欲大投。』班固《奕指》曰：『博懸於投，不必在行。』投者，擲也。桓玄曰：『劉毅撶蒱，一擲百萬。』皆以投擲為名也。古惟斷木為子，一具凡五子，故名五木。後世轉而用石、用玉、用象、用骨，故《列子》之謂『投瓊』。」《列子·說符》《釋文》引《古博經》：「其擲采以瓊為之，瓊畟方寸三分，長寸五分，銳其頭，鑽刻瓊四面為眼，亦名為齒。」《集韻》：「骰，博齒。」「骰」即取義於投擲。宋黃庭堅《次韻子瞻送李豸》：「雖然一闃有奇偶，博懸於投不在德。」用此文之典，黃氏解「行」為「德行」。言博戲投擲骰子靠運氣，不在人之賢否，故下文云「優者有不遇，劣者有僥倖」。

（3）踦挐相凌，氣勢力爭

按：踦，讀為掎。挐，讀為挐。《說文》：「掎，偏引也。挐，牽引也。」掎挐，猶言牽制。

（4）紕專知柔，陰陽代至

按：紕，疑讀為卑。紕專，言卑下而專心，故云「知柔」。代，輪流、更迭。代、迭一聲之轉。《方言》卷3：「佚，代也。」《文選·西都賦》李善注、《玄應音義》卷17、《慧琳音義》卷51、70引作「迭，代也」，《廣雅》同。「佚」同「迭」。《小爾雅》：「迭，更也。」《淮南子·齊俗篇》：「此代為常（帝）者也。」又《兵略篇》：「若水火金木之代為雌雄也。」《治要》卷47桓範《為君難》：「陰陽代以生殺，四時迭以成歲。」代、迭同義對文。

蔡邕《篆勢》校補

《類聚》卷74、《初學記》卷21、《書斷》卷上、《墨藪》卷2、《御覽》卷749、《墨池編》卷3、《通志》卷121、《玉海》卷45、《錦繡萬花谷》前集卷31引此文，又見《晉書·衛恒傳》《四體書勢》。

（1）或龜文斜列，櫛比龍鱗

錢熙祚曰：《類聚》作「或象龜文，或比龍鱗」，與《御覽》卷749引此

文合。

按：《御覽》引作「或象龜文，或化龍鱗」，「比」字譌作「化」，錢氏稍疏。宋九卷本作「或龜蛇文，或比龍鱗」，《書斷》、《錦繡萬花谷》、《墨池編》引同《類聚》。斜，宋廿一卷本同，《初學記》引亦同，《晉書·衛恒傳》、《書斷》、《墨藪》引作「鍼」。「鍼列」、「櫛比」相對舉。《晉書·衛恒傳》引鍾氏《隸勢》：「或穹隆恢廓，或櫛比鍼列。」

（2）紆體放尾，長短副身

錢熙祚曰：《類聚》作「長翅短身」。

按：紆體，《墨藪》引倒作「體紆」，《晉書·衛恒傳》誤作「紓體」，《墨池編》誤作「行體」。長短副身，宋廿一卷本同，《初學記》引亦同；宋九卷本作「長翅短身」，《類聚》、《書斷》、《御覽》、《墨池編》、《錦繡萬花谷》引同；《晉書·衛恒傳》、《墨藪》引作「長短複身」，《通志》引作「長短復身」。作「長短副身」是也，復、副一聲之轉。《晉書·衛恒傳》引鍾氏《隸勢》：「修短相副，異體同勢。」

（3）揚波振激，鷹跱鳥震

章樵注：鷹跱，一本作「龍躍」。

按：振激，宋九卷本作「震激」，《類聚》、《錦繡萬花谷》引同；《初學記》引作「振體」，《晉書·衛恒傳》、《墨藪》、《玉海》引作「振擊」，《墨池編》引作「振擎」，《通志》引作「震擊」。鷹跱鳥震，宋九卷本同，《玉海》引亦同，《墨藪》引作「鴈飛鳥振」，《初學記》、《墨池編》引作「龍躍鳥震」。《說文》：「擎，一曰擊也。」《韻府群玉》：「擎，擊也，拂也。又蔡邕《篆勢》曰：『揚波振擎。』亦作撇。」《文選·四子講德論》：「故膺騰撇波而濟水，不如乘舟之逸也。」擎（撇）、拂一聲之轉，謂拂擊。震，讀為振，飛也。

（4）延頸脅翼，勢似凌雲

按：脅翼，《初學記》引作「脇翼」，《書斷》引作「負翼」。「負」字誤。《文選·長門賦》：「翡翠脅翼而來萃兮。」李善注：「脅，斂也。」朱駿聲曰：「脅，叚借為翕。」〔註473〕

〔註473〕朱駿聲《說文通訓定聲》，武漢市古籍書店 1983 年版，第 143 頁。

（5）抄者邪趣，不方不圓

　　按：抄者邪趣，宋廿一卷本同，宋刊《初學記》引亦同（古香齋本「抄」作「杪」），《說郛》卷 86 衛恒《四體書勢》引作「杪者邪趣」，《晉書·衛恒傳》、《通志》引作「杳杪邪趣」，《墨藪》引作「杳渺斜趣」，《墨池編》引作「杪者邪趨」。杳杪、杳渺，也作「幼妙」、「幼眇」、「要妙」〔註 474〕，音轉又作「窈眇」、「窈妙」、「窈渺」、「微妙」、「幽眇」、「幽渺」、「幽妙」。

（6）若行若飛，跂跂翲翲

　　章樵注：跂，音企，蟲行也。翲，音儌，小飛也。

　　按：跂跂，《初學記》引作「蚑蚑」，字亦作「歧歧」〔註 475〕。

（7）迫而察之，端澄不可得見，指偽不可勝原

　　按：迫而察之，《初學記》引同，《晉書·衛恒傳》、《墨藪》引作「迫而視之」，《墨池編》引作「近而視之」，《通志》引作「逼而視之」。端澄，各本同，《初學記》引亦同，《晉書》、《墨藪》、《墨池編》、《通志》引作「端際」。指偽，《初學記》引同，龍谿本作「指撝」，《晉書》、《墨池編》、《通志》引亦作「指撝」，《墨藪》引作「指揮」。原，《墨藪》引作「言」。「端澄」是「端際」形譌，猶言端涯。「偽」是「撝」形譌，「撝」同「揮」。

（8）摛華豔於紈素，為學藝之範圓

　　章樵注：圓，音旋，規也，所以為圓。伯喈自謂以此羨麗之字體，寫之紈素，可為後人法式。

　　錢熙祚曰：「圓」字誤，當依《初學記》作「閑」。

　　按：注「圓」，宋廿一卷本作「圓」。注「羨」，宋廿一卷本、四庫本作「美」。錢說非是。宋廿一卷本作「圓」，是也。《說文》：「圓，規也。」宋刊《初學記》引作「▨（蕭）」，《晉書·衛恒傳》、《書斷》、《墨藪》、《通志》引作「先」，《墨池編》引作「閑」。「▨（蕭）」是「閑」形譌，「閑」又「圓」音誤。

〔註 474〕　參見方以智《通雅》卷 6，收入《方以智全書》第 1 冊，上海古籍出版社 1988
　　　　　年版，第 267〜268 頁。黃生《義府》卷下，收入《字詁義府合按》，中華書
　　　　　局 1954 年版，第 177〜178 頁。

〔註 475〕　參見桂馥《說文解字義證》卷 42，齊魯書社 1987 年版，第 1164 頁。胡紹煐
　　　　　《文選箋證》卷 20，黃山書社 2007 年版，第 501 頁。

黃香《責髯奴辭》校補

《初學記》卷 19 引此文。

（1）因風披靡，隨風飄飄

錢熙祚曰：下「飄」字當作「颲」，九卷本尚不誤。

按：宋廿一卷本、龍谿本、四庫本皆作「飄颲」，《初學記》引同。靡，《初學記》引同，《漢魏六朝百三家集》卷 6 作「拂」。下「風」字，《初學記》引作「身」。

（2）莘莘翼翼，靡靡綏綏

按：綏綏，各本同，《初學記》、《漢魏六朝百三家集》卷 6、《全漢文》卷 42 作「綏綏」。靡靡，隨順貌。「綏綏」當作「綏綏」，亦隨順貌。《詩·南山》：「南山崔崔，雄狐綏綏。」毛傳：「雄狐相隨綏綏然。」

（3）傖囁穰擩，與塵為侶

章樵注：擩，音而。

按：擩，宋九卷本、廿一卷本作「擩」，《初學記》引同（注：「擩，音而。」）。朱謀㙔《駢雅》：「傖囁，猥瑣也。」又「穰擩，猥瑣也。」《駢雅》說非是。楊軍指出：「傖囁穰擩」乃「傖穰囁擩」之別構，或因「囁」、「擩」互倒而致誤，「傖穰」、「囁擩」均為連綿詞。「傖穰」與「搶攘」、「槍攘」、「傖攘」、「傖囊」、「獊囊」、「戕囊」、「傖儜」同，疊韻連語，義為亂貌。此文「傖穰」形容髯鬚毛髮紛亂，或造「掔鬓」、「掔鬚」以當其義。「囁擩」即「囁嚅」、「囁呢」，雙聲連綿詞，其義為言語時口頰蠕動之委瑣貌〔註476〕。楊說皆當，段玉裁早已指出：「《莊子·在宥》『傖囊』，崔譔作『戕囊』，云：『戕囊，猶搶攘。』晉灼注《漢書》曰：『搶攘，亂兒也。』搶、攘疊韻，本在陽唐韻，轉入庚韻，攘即㲋之假借。凡髮亂曰掔鬚，艸亂曰莘葦，皆『搶攘』同意。」〔註477〕還可補充者，「傖穰」為髮亂貌，音轉又作「鬙鬚」、「鬙鬚」等形，另詳卷 6 王延壽《夢賦》校補。

（4）動則困於惣滅，靜則窘於囚虜

按：惣滅，宋刊《初學記》引作「▨（揔）搣」（古香齋本作「總滅」）。「惣」

〔註476〕 楊軍《「傖囁穰擩」釋》，《貴州大學學報》1998 年第 6 期，第 90～92 頁。
〔註477〕 段玉裁《說文解字注》「㲋」字條，上海古籍出版社 1981 年版，第 62 頁。

是「總」異體字，俗字亦作「揔」，「揔」形譌作「揔」。《慧琳音義》卷 74：「揔猥：上宗董反。《考聲》：『揔，都也，攝也。』從手，忽聲。」此字音宗董反，訓都，必是從忽作「揔」，此其相譌之例。「揔滅」是「摤摵」借字，指整理頭髮毛鬢。《玄應音義》卷 7：「摤摵：子公反，下音滅。捉頭曰摤，除毀曰摵。經文作『揔』〔註 478〕，非也。」又卷 12：「摤摵：子公反，捉頭曰摤。下音滅，滅除也。」「摤」是「摤」形譌。此為《別譯雜阿含經》音義，經文卷 13 作「譬如力士捉㺄人髮，摤摵揉捹，我患頭痛，亦復如是」。《別譯雜阿含經》卷 9：譬如力人以繩繫於弱劣者頭，摤摵掣頓，揉捹其頭，我患首疾，亦復如是。」二文宋本皆作「總滅」。「總滅」即此文之義也。《集韻》引《字統》：「摤摵，俗謂之捉頭。」字亦作「摤滅」，P.2018《唐韻殘頁》：「摤，摤滅。」《玄應音義》卷 15：「手摤：祖公反。《通俗文》：『手捉頭曰摤也。』」《慧琳音義》卷 55：「摤拔：上揔公反。《考聲》云：『擒撮也。』《文字集略》云：『捄（摤），相牽掣也。』眼（服）虔《通俗文》云：『捉頭曰摤也。』」民國《嘉定縣續志》卷 5：「摤，俗謂捧散物使之齊頭曰摤，見《通俗文》。音中，俗或讀松。」《說文》：「摵，批也。」又「批，捽也。」又「捽，持頭髮也。」《廣雅》：「摵，捽也。」摵亦捉持頭髮之義，玄應謂「滅除也」，非是。《修行道地經》卷 1：「三種在齒根，名曰：喘息、休止、捽摵。」「捽摵」是同義連文。動則困於揔滅者，指整理頭髮時亂鬢有所妨礙，行動不便。下句「靜則窘於囚虜」，指其靜居時形貌比囚虜還不堪。王洪林謂「揔滅」切音為「賊」〔註 479〕，亂說切音，決不可信。

（5）癩鬢瘦面，常如死灰

章樵注：癩，癘疾也。豫讓漆身為癩，音賴。瘦，囚病也。律囚以飢寒死曰瘦。音瘦。

按：注「音瘦」，宋廿一卷本、龍谿本作「音庾」，四庫本作「音臾」。癩鬢瘦面，宋廿一卷本、龍谿本、墨海本、四庫同；宋九卷本作「獺鬢瘦面」，《初學記》引同（《合璧事類備要》前集卷 54、《錦繡萬花谷》前集卷 19 引《初學記》「獺」作「懶」）；明本作「癩鬢瘦面」。作「癩」是也，但不是癘疾。《漢語大詞典》：「癩鬢，禿脫枯槁的鬍鬢。」余謂「癩鬢」指絡腮鬍子，今吳語稱作「賴鬍子」、「賴腮鬍子」〔註 480〕。

〔註 478〕《慧琳音義》卷 24 轉錄「揔」誤作「總」。
〔註 479〕王洪林《王褒集考釋》，巴蜀書社 1998 年版，第 33 頁。
〔註 480〕許寶華、宮田一郎《漢語方言大詞典》記載吳語「賴帶鬍子」、「攔帶鬍子」，

聞人牟準《魏敬侯碑陰文》校補

「聞人」是複姓，《後漢書·靈帝紀》：「太僕沛國聞人襲為太尉。」李賢注：「姓聞人，名襲，字定卿。《風俗通》曰：『少正卯，魯之聞人，其後氏焉。』」又考碑文「故吏述德于隧前，門生紀言于碑後」，《海錄碎事》卷 9 引作者為門人牟准，據此，則「聞」當作「門」，「門人」即「門生」，此人姓牟名準。附此二說俟考。

（1）勢高而趣幽，形坦而背阜

章樵注：阜，謂環抱如牆阜豐厚也。

錢熙祚曰：九卷本「坦」作「垣」，誤。然章注亦作「垣」字解。

按：顧廣圻謂「垣者坦之譌」〔註481〕，此錢說所本。宋廿一卷本、四庫本皆誤作「垣」。

卷十八

漢樊毅《脩西嶽廟記》校補

《隸釋》卷 2 亦有此文。

（1）設五鼎之奠，柴燎煙

錢熙祚曰：《隸釋》「煙」下有「埋」字。

按：《隸釋》「煙」作「垇埋」。洪适曰：「碑以『垇』為『禋』。」「垇」即「堙」俗譌字，俗字「西」作「卤」形，故「堙」譌作「垇」。《宋書·禮志一》：「漢初甘泉河東禋埋易位，終亦徙於長安南北。」

（2）荒淫臊穢

按：穢，《隸釋》作「濊」。洪适曰：「碑以『濊』為『穢』。」

（3）祭則獲福，奕世克昌

　　　　　西南官話「癩腮䶞」，都指絡腮鬍子，中華書局 1999 年版，第 6407、7222、
　　　　　7422 頁。記音詞「賴（攔）帶」，當作「䵴䵴」，俗音又轉作「桃襪」、「菱逮」，
　　　　　茂密貌。單言則曰「賴」。
〔註481〕顧廣圻《與孫淵如觀察論九卷本〈古文苑〉書》，收入《顧千里集》卷 7，中
　　　　　華書局 2007 年版，第 125 頁。

按：奕，《隸釋》作「亦」，省借字。

（4）亡新慆逆，鬼神不享

章樵注：新莽篡漢，有慆天之惡逆，故鬼神違之，莽必速亡。

按：慆，怠慢也，字亦作慆。逆，違逆。章注云「慆天之惡逆」，非是。享，《隸釋》作「亨」，古字通用。

（5）威隆秋霜，恩踰冬日

按：《左傳‧文公七年》：「趙衰，冬日之日也；趙盾，夏日之日也。」杜預注：「冬日可愛，夏日可畏。」漢《劉熊碑》：「仁恩如冬日，威猛烈炎夏。」王儉《褚淵碑文》：「君垂冬日之溫，臣盡秋霜之戒。」

（6）以傳窄狹，不足處尊卑

章樵注：一本「傳」下有「舍」字。

按：傳即傳舍，驛站，不必有「舍」字。下文「改傳飾廟」，亦無「舍」字。

（7）牆屋傾亞

章樵注：亞，一作「凸」。

按：傅玄《卻東西門行》：「迴目流神光，傾亞有餘姿。」也作「傾俹」，《慧琳音義》卷74：「傾俹：下鴉駕反。《字書》云：『俹，倚也。』」「俹」是傾倚、斜靠義。《玄應音義》卷10、19并引《字書》：「俹，倚也。」《佛本行集經》卷24：「傴亞而坐。」《玄應音義》卷14引《韻集》：「倚，俹也。」

（8）特部行事荀班與縣令先黨以漸補治

錢熙祚曰：「黨」當作「讜」，九卷本尚不誤。

按：班，《隸釋》作「斑」。宋廿一卷本亦作「讜」，《隸釋》同，本書卷11樊毅《復民租碑》亦同。古字通用，不煩改字。

（9）役不干時

按：《韓詩外傳》卷8：「不奪民力，役不踰時，百姓得耕，家有收聚。」《漢書‧谷永傳》：「使天下黎元咸安家樂業，不苦逾時之役。」《鹽鐵論‧執務》：「古者，行役不踰時。」後漢《曹全碑》：「費不出民，役不干時。」

（10）乃上復十里內工商嚴賦

錢熙祚曰：「嚴」當作「農」，九卷本尚不誤。

按：宋廿一卷本、明本、龍谿本、四庫本亦作「農」，《隸釋》同。

（11）克厭帝心，嘉瑞仍畣，風雨應起

章樵注：「畣」與「答」同。《爾雅》：「俞、畣，然也。」起，一作「卦」，應四時八卦之候。

錢熙祚曰：起，此字誤，當依《隸釋》作「時」。

按：注「俞」，宋廿一卷本作「俞」，與《爾雅》合。①畣，《隸釋》同，宋九卷本誤作「翕」。洪适曰：「『畣』即『荅』字。」黃丕烈曰：「『畣』誤作『畣』。按字蓋從曰合聲。」〔註482〕黃說是也，「畣」、「荅」是「對」音轉。黃侃曰：「荅，酬荅借為『對』。《爾雅》作『畣』，乃後起字，本作『畣』，從曰合聲，形誤為『畣』。」〔註483〕聞一多曰：「屈原答靈氛曰，《殘卷》作『畣』。案：畣，古『答』字。《爾雅》有之，然已譌作『畣』，從田，于義無施。他書用古字者莫不皆然，蓋習非勝是，沿誤久矣。作『畣』者平生惟此一見。六書命脈，不絕如縷，真堪一字千金矣。」〔註484〕王大隆曰：「『答』字卷作『畣』。余前謂相承以『畣』為古『答』字，『畣』實『畣』之譌。今按秦《詛楚文》『輲輸棧輿』，『輲』字從畣，是古有『畣』字也。至《詛楚文》之『輲』，以此卷證之，明即『輲』字，舊釋為『輇』，非是。」〔註485〕「畣」字形最早見於金文《九里墩鼓座》銘文：「余以畣同生九禮。」〔註486〕《晉公盆》：「以畣皇卿。」〔註487〕正用作「答」。清華簡（八）《邦家之政》：「孔

〔註482〕黃丕烈《隸釋刊誤》，收入《中華漢語工具書書庫》第40冊，安徽教育出版社2002年版，第88頁。下同。

〔註483〕黃侃《說文段注小箋》，收入《說文箋識》，中華書局2006年版，第168頁。

〔註484〕聞一多《敦煌舊鈔〈楚辭音〉殘卷跋附校勘記》，收入《聞一多全集》卷2《古典新義》，三聯書店1982年版，第504頁。敦煌卷號為P.2494。

〔註485〕王大隆《庚辰叢編本〈楚辭音〉跋》，轉引自王重民《敦煌古籍敘錄》，中華書局1979年版，第282頁。

〔註486〕《殷周金文集成》（修訂增補本）第1冊，中華書局2007年版，第539頁。整理者括注「畣」作「畣」，非是。陳秉新讀畣作答，是也。陳秉新《舒城鼓座銘文初探》，《江漢考古》1984年第2期，第73頁。

〔註487〕《殷周金文集成》（修訂增補本）第7冊，第5577頁。整理者括注「畣」作「答」。其說當本於楊樹達《晉公蠶跋》，收入《積微居金文說》卷3，中華書局1997年版，第56頁。

子謺曰。」「謺」亦即「答」字。另外，「會」字亦見於包山楚簡、望山楚簡、信陽楚簡、郭店楚簡、上博楚簡（二、四）〔註488〕。蔣斧印本《唐韻殘卷》：「**會**，《說文》云：『對。』」字正作「會」，唐人仍作此形不誤。②起，各本同。章樵注：「起，一作卦。」宋婁機《漢隸字源》「漸」字條引作「卦」。黃丕烈曰：「『卦』誤作『時』。」黃說非是，「起」當作「時」。

（12）瀸潤品物

按：本書卷11樊毅《復民租碑》「瀸潤宿麥」，亦見《隸釋》卷2。二文洪适並曰：「碑以『瀸』為『漸』。」宋婁機《漢隸字源》說同。二氏說俱矣，「瀸」是本字。《說文》：「瀸，漬也。」《玄應音義》卷12引《通俗文》：「淹漬謂之瀸洳。」又引《字林》：「瀸，漬也。」《淮南子·要略》：「以內洽五藏，瀸濇（漬）肌膚。」「漸」本是水名，訓漬是「瀸」借字。《廣雅》：「漸，漬也。」

（13）況乃盛德，惠及神人，可無述焉

按：況，《隸釋》作「兄」，洪适曰：「碑以『兄』為『況』。」

（14）存有昭識

章樵注：識，音志，記也。

錢熙祚曰：「存」字誤，當依《隸釋》作「永」。

按：存，各本誤同。昭，《隸釋》作「眧」，《東漢文紀》卷30作「眧」。此字當作「昭」，《隸釋》卷19《范式碑》：「世眧其隆。」「眧」亦「昭」形譌。《論語·衛靈公》梁皇侃《義疏》：「雖不耕而學，則昭識斯明，為四方所重。」

（15）泰氣推否，洪波況臻

錢熙祚曰：「推」字誤。《隸釋》作「廱」，蓋即「壅」字。九卷本「況」作「汎」。

按：宋九卷本、廿一卷本作「泰氣推否，洪波汎臻」，《隸釋》作「泰氣廱否，洪波汜臻」。黃生疑「廱否」當作「廱害」，「汜」是「汎」誤〔註489〕。

〔註488〕 字形參見滕壬生《楚系簡帛文字編》（增訂本），湖北教育出版社2008年版，第509頁。但滕氏釋作「合」，則稍疏。

〔註489〕 黃生《義府》卷下，收入《字詁義府合按》，中華書局1954年版，第231頁。

顧藹吉曰：「汜即氾字，碑變從巴。」〔註490〕錢說非是，黃氏前說誤，後說「汜」當作「氾」則是。顧說亦是。宋本作「推」、「汜」是也。泰、否相對立，是《易經》的概念。惠棟曰：「否、泰反其類，故泰反成否，漢樊毅《修西嶽廟記》云『泰氣推否』，是也。」〔註491〕「汜」形誤作「況」。「汜」或體作「氾」，因而形誤作「汜」，「汜」又誤作「汜」。《慧琳音義》卷54：「範，從竹從車從氾省聲也。」「氾」亦「氾」形譌。《全後漢文》卷103改「壅否」作「雍容」，毫無版本根據。

（16）川靈既定，恩覆兆民

錢熙祚曰：《隸釋》「川」作「𣲘」，蓋即「坤」字。

按：「坤」古字作「𡿦」，「川」古字作「巛」，字形斷者為「坤」，連者為「川」，字形相近，故「坤」譌作「川」，又譌作「𣲘」。

（17）乃刊祀典，辨于群神

按：刊，《隸釋》作「列」，是也。《風俗通義·怪神》：「凡在於他，尚列祀典。」辨，《隸釋》作「辯」，並讀作徧。《書·舜典》：「肆類于上帝，禋于六宗，望于山川，徧於群神。」字亦作辯，《史記·武帝紀》：「望於山川，辯於群神。」字亦作班，本書卷15楊雄《太常箴》：「稱秩元祀，班于群神。」

（18）赤銳煌煌，受兹介福

章樵注：漢火德，故云赤銳。

按：介，《隸釋》作「夰」。洪适曰：「『夰』即『介』字。」洪說愼矣，「夰」是「介」本字。《說文》：「夰，大也。」《慧琳音義》卷2引《白虎通》：「心者禮也，南方火之精也，象火色赤銳而有瓣如未敷蓮花形。」亦以「赤銳」狀火形。

（19）俾守西嶽，達奉神祀

錢熙祚曰：「祀」字誤，當依《隸釋》作「禮」。「祀」從巳聲，不與下「濟」、「悌」韻，此七之與六脂之別也。

按：各本皆作「祀」。後漢時七之與六脂區分不嚴，「祀」與「濟」、「悌」

〔註490〕顧藹吉《隸辨》卷4，收入景印文淵閣《四庫全書》第235冊，臺灣商務印書館1986年初版，第626頁。
〔註491〕惠棟《周易述》卷19，收入景印文淵閣《四庫全書》第52冊，第232頁。

亦合韻，「祀」字不誤。「神禮」不辭。「禮」俗字作「礼」，因而「祀」形誤作「禮」。達奉神祀，具備禮品而奉行祭神。《禮記·樂記》鄭玄注：「達，具也。」奉，奉行，舉行。「奉神祀」即下篇《西嶽華山亭碑》「恭肅神祀」之誼。

（20）改傳飾廟，靈則有攸齊

章樵注：一無「攸」字。按文上多「則」字。

錢熙祚曰：《隸釋》無「攸」字，「齊」作「濟」。按九卷本亦作「濟」。

按：宋廿一卷本亦作「濟」，四庫本作「躋」。齊、濟，並讀為躋。《禮記·樂記》鄭玄注：「齊，讀為躋。躋，升也。」漢《從事武梁碑》：「大位不濟，為眾所傷。」濟亦讀為躋。蔡邕《陳太丘碑文》：「大位未躋。」《御覽》卷 227 引《三輔決錄》：「君以輕去就，故大位不躋。」正作本字。

衞顗《西嶽華山亭碑》校補

《隸釋》卷 2、《文選補遺》卷 40 亦有此文。

（1）躬親自往，省從勞謙

章樵注：從，一作「徒」。

按：《隸釋》作「從」。《文選補遺》作「徒」。「從」是「徒」形譌。《漢書·宣帝紀》：「諸請詔省卒徒自給者，皆止。」「省徒」即「省卒徒」，謂減省其徒眾也。

（2）齊堂逼窄，郡縣官屬，清齊無處

章樵注：清，一作「灋」。

錢熙祚曰：《隸釋》「堂」作「室」。注云「清，一作灋」，「灋」字誤，當依九卷本作「澧」。按《隸釋》正作「法」。

按：注「灋」，宋九卷本、廿一卷本作「澧」，四庫本作「薦」。《隸釋》「齊堂」作「齋室」，「清齊」作「澧齋」，不作「法」字。《文選補遺》「清齊」作「清齋」。「清齊」即「清齋」，指清靜的齋戒。《廣弘明集》卷 3 支遁《五月長齋詩》：「今月肇清齋，德澤潤無疆。」梁簡文帝《吳郡石像碑》：「乃沐浴清齋。」《初學記》卷 5 引《吳越春秋》：「欲得我山神書者，清齋於黃帝之嶽崑崙之下。」《史記·太史公自序》《正義》引「清齋」作「齊」。清齊無處，言沒有地方舉行清齋。

（3）念存黔首，懼闕曠素

章樵注：曠職尸素也。

按：懼闕曠素，各本同，《隸釋》作「懼闕曠粲」，《文選補遺》作「懼闕曠素」。洪适曰：「『粲』即『素』字。」「闕」是「闕」改易聲符的俗字，「闕」同「缺」，古音圭、欮、夬一聲之轉。《六書正譌》卷5：「闕，門觀也。借為空闕字。俗作闕，非。」其以俗字「闕」為誤，蓋未明「闕」字構造理據。《重訂直音篇》：「闕，同『闕』，少也。」明刊本《大戴禮記・保傅》：「過闕則下，過廟則趨。」武英殿聚珍本、朱文端公藏本作「闕」，《御覽》卷146引同，《賈子・保傅》亦同。朱熹《儀禮經傳通解》卷18注：「闕，古闕字。」《淮南子・天文篇》：「天阿者，群神之闕也。」《書鈔》卷150引作「闕」。《書鈔》凡「闕」多作「闕」，不具引。敦煌寫卷 P.3449《刺史書儀》：「某自到闕庭，久陪譚笑，實受獎憐之惠。」又「伏蒙恩私，特垂檢訪，少事出入，有闕祗印（迎）。」P.3931《靈武節度使表狀集》：「山川綿邈，音訊難通，每與人使之間，是闕賓士之禮。」〔註492〕P.3595《蘇武李陵執別詞》：「北▨之下。」是唐人「闕」字已俗寫作「闕」形。章樵注：「曠素，曠職尸素也。」其說是也。北宋胡宿《謝羊酒表》：「未捐曠素之臣，特舉匪頒之典。」胡宿《改左司郎中表》：「無所建明，有愧曠素。」

（4）於是與令巴郡朐忍先讜公謀，圖議繕故，斷度欂廊，立室異處

錢熙祚曰：《隸釋》「廊」作「廓」。

按：欂廊，宋九卷本、廿一卷本作「撏廊」，《文選補遺》同；《隸釋》作「撏廓」。此二字當據《隸釋》作「撏廓」。《詩・閟宮》：「徂來之松，新甫之柏，是斷是度，是尋是尺。」馬瑞辰曰：「度者，剫之省借。《說文》：『剫，判也。』《廣雅》：『剫，分也。』《爾雅》：『木謂之剫。』郭注引《左傳》『山有木，工則剫之』，《左傳》今作『度』。是剫古借作度之證。是剫與斷義近，故《詩》以斷、度並舉。」〔註493〕「撏」即《詩》「是尋是尺」之「尋」，謂度量其長短，作動詞用。顧藹吉曰：「《議郎元賓碑》：『退不枉尺直撏。』《隸釋》云：『以撏為尋。』按《華山亭碑》『斷度撏廓，立室異處』，尋亦作撏。」〔註494〕廓，讀

〔註492〕 此上三例字形轉錄自趙紅《敦煌寫本漢字論考》，上海古籍出版社2012年版，第167頁。

〔註493〕 馬瑞辰《毛詩傳箋通釋》卷31，中華書局1989年版，第1154頁。

〔註494〕 顧藹吉《隸辨》卷2，收入景印文淵閣《四庫全書》第235冊，第526頁。

為劙，解也，裂也。《方言》卷 13：「劙，解也。」郭璞注：「劙，音廊。」《廣韻》：「劙，解木。」「解」指鋸木，俗作「鐹（鐋、剐）」。斷度撝廓，指伐木、度量、鋸鐹幾道工序。

（5）二年正月己卯興就，既成有元，休嘉啟寤

錢熙祚曰：「元」字誤，當依《隸釋》作「亢」，即「伉」字。

按：《隸釋》之字，明萬曆刊本摹作「**方**」，清乾隆年間汪氏刊本摹作「**亣**」。洪适曰：「『亢』字。」洪說可疑，「**方**」非「亢」字。疑是「亭」字省寫，居延漢簡 243.13「亭」字省寫作「**亭**」，可以參看。啟寤，《隸釋》作「啟囍」。洪适曰：「『啟』即『啟』字。」「囍」俗字作「寤」。

（6）高神肯宴，圭璧贄通

按：肯，《隸釋》作「肎」。洪适曰：「『肎』即『肯』字。」圭，《隸釋》作「珪」。

（7）處所逼窄，屑窣有聲

按：屑窣，宋九卷本作「屑窣」，《隸釋》作「屑窣」。俗字亦作「窸窣」、「偧窣」，唐・康駢《劇談錄》卷上：「忽聞窗外窸窣有聲。」劉禹錫《遊桃源》：「虛無天樂來，偧窣鬼兵役。」又音轉作「偧索」。考《爾雅》：「偧，聲也。」《釋文》：「偧，音屑，字又作偰。」郭璞注：「謂聲音。」《說文》：「偧，聲也。讀若屑。」《繫傳》：「偧屑有聲也。」「偧」亦作「偰」，蔣斧印本《唐韻殘卷》殘文：「偧，……聲，亦……偰。」P.2011 王仁昫《刊謬補缺切韻》：「偧，動草聲，或作偰。」《玉篇》：「偰，《字書》同『偧』。」又考《說文》：「屑，動作切切也。」狀其動作之聲，切、屑是聲訓，屑、偧同源。錢大昕曰：「蓋『偧』與『屑』通，《漢書・武帝紀》：『天地況施，著見景象，屑然如有聞』，即《爾雅》之『偧』也。」〔註495〕楊樹達說略同〔註496〕。「偧」為象聲詞，重言則作「偧偧」、「屑屑」、「切切」、「偧屑」、「偧偰」，《廣韻》：「偧偰，動也。」又「偧，動草聲，又云鷩鳥之聲。」又「偧偧，呻吟也。亦作偰。」

〔註495〕錢大昕《潛研堂文集》卷 10《答問七》，收入《嘉定錢大昕全集（九）》，江蘇古籍出版社 1997 年版，第 144 頁。

〔註496〕楊樹達《說文讀若探源》，收入《積微居小學述林》卷 4，中華書局 1983 年版，第 139 頁。

（8）尤尉隴西甄璆叔曼

　　錢熙祚曰：「尤」當作「左」，九卷本尚不誤。

　　按：宋廿一卷本作「**尢**」，即「左」俗字。《隸釋》亦作「左」。

張昶《西嶽華山堂闕碑銘》校補

　　《類聚》卷 7、《初學記》卷 5、《文選補遺》卷 40 引此文。作者名《類聚》引題作「張昶」，《初學記》引題作「張旭」，「旭」當是「昶」形近而譌。

（1）然山莫尊於嶽，澤莫盛於瀆

　　按：《初學記》引「然」下有「則」字，「盛」作「崇」。

（2）其靈也至矣，聖人廢興，必有其應，故岱山石立，中宗繼統

　　錢熙祚曰：聖人，《類聚》作「人主」。

　　按：《初學記》引亦作「人主」，又「靈」上有「為」字。

（3）蓋所以崇山川而報功也

　　按：崇，《初學記》、《文選補遺》引作「宗」。

（4）奉鄙晉之西，則曰陰晉；邊秦之東，則曰甯秦

　　按：奉，四庫本作「秦」，《古儷府》卷 7、《全後漢文》卷 64 同，當是。

（5）想喬、松之疇，是遊是憩

　　按：疇，宋九卷本、廿一卷本同，《廣川書跋》卷 5、《玉海》卷 100 引亦同，《類聚》引作「儔」，《文選補遺》卷 40 作「壽」。「疇」是「儔」借字，「壽」則是脫誤字。憩，宋廿一卷本作「**甛**」，脫下心。《玉海》引作「憇」，俗字。

（6）故殖財之寶，黃玉自出；令德之珍，卿相是毓

　　章樵注：黃玉，色如蒸栗。

　　按：《文選·與鍾大理書》：「黑譬純漆，赤擬雞冠，黃侔蒸栗。」李善注引王逸《正部論》：「或問玉符。曰：『赤如雞冠，黃如蒸栗，白如豬肪，黑如純漆，玉之符也。』」又曰：「栗木實，蒸之其色鮮黃，言美玉有如此色也。」《類聚》卷 83 引《正部論》同。《太上靈寶淨明中黃八柱經·黃庭之景章第二》：「名曰黃庭，以金為屋，以玉為門，門玉如穀，色如蒸粟。」「粟」是「栗」形譌。

（7）闅鄉亭侯

按：闅，宋廿一卷本、明本同，宋九卷本作「闠」，《文選補遺》作「闋」。《說文》：「闅，弘農湖縣有闅鄉。」「闋」是「闅」俗譌字，見《漢書・武五子傳》顏師古注。「闋」亦「闅」形譌。「闠」則誤字。

（8）群凶既除，郡縣集甯

按：集，讀為輯。《爾雅》：「輯，和也。」《漢書・食貨志》顏師古注：「輯，謂安定也。」《左傳・昭公七年》：「鎮撫其社稷，以輯寧爾民。」《釋文》：「輯，音集，又七入切。」也倒作「寧集」，《論衡・宣漢》：「雖無物瑞，百姓甯集，風氣調和，是亦瑞也。」也倒作「寧輯」，《後漢書・孔融傳》：「銜命直指，甯輯東夏。」李賢注：「輯，和也。」

（9）建神路之端首，觀壯麗乎孔徹

按：徹，通達，徹、達一聲之轉

（10）匪奢匪儉，惟德是程

按：程，《匡謬正俗》卷 7 引作「呈」。

（11）虔恭禋祀，黍稷芬馨

按：芬，《匡謬正俗》卷 7 引作「惟」，《文選補遺》作「芳」。

（12）神具醉止，降福穰穰

按：《詩・楚茨》：「神具醉止，皇尸載起。」《匡謬正俗》卷 7 引「醉」作「萃」，又云：「『穰』字亦當音而成反，今關內閭里呼『禾黍穰穰』，音猶然。」作「萃止」亦通，猶言聚集。

王延壽《桐柏廟碑》校補

《隸釋》卷 2 亦有此文。

（1）灾異告譴，水旱請求

章樵注：譴，控詞以請也，七到反。

錢熙祚曰：《隸釋》「譴」作「愬」。

按：譴，各本同，歐陽修《集古錄跋尾》卷 1 作「變」。「譴」當是「慥」

異體字。蔣斧印本《唐韻殘卷》：「憽，言行急。出《說文》。」P.2011 王仁昫
《刊謬補缺切韻》：「憽，言行急。」

（2）郡守奉祀，務潔沈祭

章樵注：潔，粢牲也。沈，璧玉也。《周禮》：「吉禮之別十有二，五曰埋
沈。」

錢熙祚曰：《隸釋》「務」作「禠」，蓋即「齋」字。

按：宋九卷本、廿一卷本同作「務」。潔，《隸釋》作「絜」。洪适曰：
「字書無『禠』字，以文意推之，當為齋戒之『齋』。」此錢說所本。顧藹
吉曰：「《說文》『齋』從示、齊省聲，此則不省『齊』而移『示』於傍耳，
《隸釋》是也。」〔註497〕金文《蔡侯紳盤》：「禠（齋）諆（祺）整讋（肅）。」
已作此字。

（3）從郭君以來，二十餘年，不復身到

按：郭君，指郭苞。《水經注·淮水》：「山南有淮源廟，廟前有碑，是南
陽郭苞立。又二碑，並是漢延熹中守令所造。」到，《隸釋》作「至」。

（4）增廣壇場，飾治華蓋

錢熙祚曰：《隸釋》「飾」作「餝」，九卷本亦作「餝」。

按：宋廿一卷本作「餝」。《隸釋》作「**餝**」，即「餝」，乃「飾」俗字，
錢氏誤校。《後漢書·輿服志》：「當用，太僕考工乃內飾治，禮吉凶不相干
也。」壇，宋九卷本、廿一卷本同；四庫本作「壇」，《隸釋》、《東漢文紀》
卷 14 同。

（5）衢廷宏敞，宮廟嵩峻

按：宏，宋九卷本、廿一卷本作「弘」。《急就篇》卷 1：「雍弘敞。」顏
師古注：「雍，國名也。弘敞，言其大而高明也。」字或作「弘惝」，《漢書·
揚雄傳》《甘泉賦》：「正瀏濫以弘惝兮。」顏師古曰：「弘惝，高大也。」字
又作「宏敞」，《初學記》卷 4 齊謝朓《為皇太子侍光華殿曲水宴詩》：「高宴
弘敞，禁林稠密。」《類聚》卷 4 引作「宏敞」。

〔註497〕顧藹吉《隸辨》卷 1，收入景印文淵閣《四庫全書》第 235 冊，第 467 頁。

（6）天地清和，異祥昭格

錢熙祚曰：《隸釋》「異」作「嘉」。

按：宋九卷本、廿一卷本作「異」。格，讀為佫。《方言》卷1：「假、佫，至也。邠、唐、冀、兗之閒曰假，或曰佫。」郭璞注：「佫，古格字。」又卷2：「佫，來也，自關而東周鄭之郊齊魯之閒或謂之佫。」「假」亦借字。

（7）黎庶預祉

錢熙祚曰：《隸釋》「預」作「賴」。

按：黎，《隸釋》作「梨」。宋廿一卷本作「預」，九卷本作「豫」。「預」、「豫」都是「賴」形譌。《隸釋》卷15《蜀郡屬國辛通達李仲曾造橋碑》：「萌兆賴祉。」又卷19《尉氏令鄭季宣碑》：「民口賴祉。」

（8）泫泫淮源，聖禹所導

按：「泫泫」是「混混」、「渾渾」轉語，另詳卷12董仲舒《山川頌》校補。

（9）弱而能強，仁而能武

按：銀雀山漢簡《君臣問答》：「貪而廉，龍（龏）而敬，弱而強，柔而〔剛〕，起道也。」《淮南子·原道篇》：「約而能張，幽而能明，弱而能強，柔而能剛。」

（10）望君輿駕，扶老攜集

錢熙祚曰：「集」當作「息」，九卷本尚不誤。

按：宋廿一卷本亦作「息」，《隸釋》同。

蔡邕《九疑山碑》校補

（1）遂葬九疑，解體而升

按：體，《類聚》卷7引同，宋九卷本誤作「醴」。

卷十九

《楚相孫叔敖碑》校補

《隸釋》卷3亦有此文。

（1）少見枝首虵

章樵注：「枝」即「歧」字。枝首，兩頭也。亦名枳頭虵。

按：注「枝即歧字」，宋廿一卷本作「技即枝字」。枝，宋廿一卷本作「技」，《隸釋》作「技」，下同。「技」是「技」形譌。「技」又「枝」形譌。枝，讀為岐，字亦作歧、軹、枳。《爾雅》：「中有軹首蛇焉。」郭璞注：「即歧頭蛇也。」《釋文》本作「枳」，云：「枳，本或作積。孫音支，云：『蛇有枝首者，名曰率然。』案枳首，謂蛇有兩頭。」

（2）因埋掩其㓝

章樵注：㓝，古「𠛬」字。

按：注「𠛬」，宋廿一卷本、明本、龍谿本、墨海本作「刑」，四庫本作「形」。正文「㓝」，宋廿一卷本、龍谿本作「𠛬」，《隸釋》同；四庫本作「刑」。「㓝」是「𠛬」形譌。「𠛬」是「刑」古字，讀為形。

（3）及其為相，布政以道，考天象之度，敬授民時

按：天象，宋廿一卷本作「文象」，《隸釋》同。「文」是「天」形譌。

（4）𦗅藏於山，列物於藪

章樵注：𦗅，古「聚」字。藏，去聲。言不竭取山澤之利。

錢熙祚曰：「列」字誤，當依《隸釋》作「殖」。

按：宋廿一卷本、明本、龍谿本、四庫本皆作「殖」。洪适曰：「『𦗅』即『聚』。」

（5）宣導川谷，波障源湶

章樵注：波，古字通作「陂」。湶，即「泉」字。

按：洪适曰：「碑中以『波』為『陂』。碑中『泉』添水而為『湶』。」《國語·周語上》：「陂障九澤。」

（6）溉灌圩澤，堤防湖浦，以為池沼

按：圩，宋廿一卷本、明本、墨海本、四庫本同；龍谿本作「沃」，《隸釋》作「坺」。《干祿字書》：「𡗜、夭：上通，下正。」敦煌寫卷中，「妖」作「妭」、「妭」，「訞」作「詙」〔註 498〕。「𡗜」亦可是「犮」字，「坺」亦

〔註 498〕參見黃征《敦煌俗字典》，上海教育出版社 2005 年版，第 484 頁。

可隸作「坂」，「拔」俗作「抜（抜）」，是其比也。然「坂」非此文之誼。圢，讀為突，亦作窔，深也。突澤，猶言幽深之澤。字亦作「泑澤」，《山海經·西山經》：「東望泑澤，河水所潛也。」亦作「坳澤」，《六韜·龍韜·奇兵》：「坳澤窈冥者，所以匿其形也。」

（7）鍾天地之美，收九罜之利

章樵注：罜，古「澤」字。

按：注「罜」，宋廿一卷本作「**睪**」。正文「罜」，宋廿一卷本作「**睪**」，明本作「**睪**」，《隸釋》作「**睪**」。洪适曰：「碑中『澤』去水而為『**睪**』。」「**睪**」是「罜」形譌，「罜」又是「皋」形譌，古書二字每互混譌。「皋」又「臭」借字。《說文》：「臭，大白，澤也。古文以為澤字。」《詩·鶴鳴》毛傳：「皋，澤也。」〔註499〕

（8）拭序在朝

按：洪适曰：「碑中以『拭』為『式』。」宋婁機《漢隸字原》說同。龍谿本作「式」。

（9）野無螟螆

章樵注：螟螆，即螟螣，害稼蟲。

錢熙祚曰：《隸釋》「螆」作「**螆**」。

按：宋廿一卷本亦作「**螆**」，龍谿本作「螢」。洪适曰：「碑中以『**螆**』為『螣』。」洪說是也，「螢」同「螣」，字亦作蟦、螶，音轉亦作螣、蟓、螏〔註500〕。

（10）高梱改幣，一朝而化

章樵注：《史記·循吏傳》：「孫叔敖為楚相，施教導民，上下和洽，世俗盛美，吏無姦邪。莊王以為幣輕，更以小為大，百姓不便，市亂。相言之王，復之，下令三日而市復如故。楚民俗好卑車，王欲下令使高之。相曰：『令數下，民不知所欲，不可。請教閭里，使高其梱。』王許之，居半歲，民悉自高其車，此不教而民從化。」

〔註499〕參見桂馥《說文解字義證》，齊魯書社1987年版，第883頁。

〔註500〕參見蕭旭《「蝗蟲」名義考》，收入《群書校補（續）》，花木蘭文化出版社2014年版，第2183～2184頁。

按：注「卑車」、「所欲」，宋廿一卷本、四庫本作「庳車」、「所從」，與《史記》合。梱，宋廿一卷本、龍谿本、墨海本同，《隸釋》作「梱」，明本、四庫本誤作「相」。宋劉昌詩《蘆浦筆記》卷4引亦作「梱」。梱，門中間豎立作阻攔用的短木。《說文》：「梱，門橜也。」段玉裁曰：「『橜』下云：『一曰門梱也。』《門部》曰：『閫，門梱也。』然則門梱、門橜、閫，一物三名矣，謂當門中設木也。《釋宮》：『橜謂之閫。』《廣雅》：『橜機，閫朱也。』『朱』同『梱』。《史記·孫叔敖傳》曰：『楚俗好庳車，王欲下令使高之，相教閭里使高其梱。居半歲，民悉自高其車。』《史記·張釋之馮唐傳》曰：『閫以內者，寡人制之。閫以外者，將軍制之。』《漢書》『閫』作『闑』。韋昭曰：『此郭門之梱也。門中橜曰梱。』鄭注《曲禮》曰：『梱，門限也。』與許不合。」〔註501〕王引之亦云：「梱，門橜也。橜居門中而短。（《玉藻》正義曰『闑謂門之央所豎短木也。』」〔註502〕

（11）乘馬三秊，不別牝牡

章樵注：世說諸葛亮教曰：「昔孫叔敖乘馬三年，不知牝牡，稱其賢也。」

按：秊，宋廿一卷本同，《隸釋》作「秊」，即「年」字。《淮南子·主術篇》高誘注：「孫叔敖，楚大夫也，蓋乘馬三年，不知其牝牡，言其賢也。」此諸葛亮教所本。

（12）終始若矢

按：矢，《隸釋》作「𠂕」。黃生曰：「𠂕，疑『矢』字。」〔註503〕「𠂕」當是「𠂤」形譌，「𠂤」是古「矢」字。《說文》：「𣃘，未定也，從匕𠂤聲。𠂤，古文矢字。」

（13）去不善如絕絃

章樵注：矢取其直，絃斷不復續。

按：絃，《隸釋》作「𢇓」。黃生曰：「𢇓，疑『絃』字。」顧藹吉曰：「弦本作弦，從弓象絲軫之形，碑乃移弓於右，變幺為糸，《祝睦碑》『𢇓頌興』亦

〔註501〕段玉裁《說文解字注》，上海古籍出版社1981年版，第256頁。
〔註502〕王引之《經義述聞》卷10，江蘇古籍出版社1985年版，第230頁。
〔註503〕黃生《義府》卷下，收入《字詁義府合按》，中華書局1954年版，第231頁。下同。

同此文，《隸釋》誤釋作『紀』。」〔註504〕甲骨文、秦簡、秦印已有「紒」字，「絃（弦）」之古字〔註505〕。如絕紒，喻其速也。《後漢紀》卷16：「今虜皆騎馬尤良，一日之間行數百里，來如風雨，去如絕紒，以步追之，勢不相及。」《易林・困之萃》：「來如飄風，去如絕紒，為狼所殘。」《黃帝內經太素》卷21：「鍼如絕弦者，言其速也。」章注云「絃斷不復續」，非是。

（14）徹節高義

按：徹，明本、龍谿本、墨海本同；宋廿一卷本、四庫本作「衛」，《隸釋》同。黃生曰：「衛即婘（狷）字。」顧藹吉曰：「衛疑是狷字之異。」〔註506〕朱駿聲曰：「懁，急也，讀若絹，與『悁』別。字亦誤作衛，《孫叔敖碑》『衛節高義』。」〔註507〕「衛」字字書韻書皆未收，當是「徹」形誤，亦形誤作「衛」，《法華經文句輔正記》卷8：「昏聖相扣衛者。」《法華文句記》卷8、《法華經傳記》卷2「衛」作「轍」。「轍」是「徹」俗字。徹、達一聲之轉。《左傳・成公十五年》：「子臧辭曰：前志有之曰：『聖達節，次守節，下失節。』」子臧即曹臧，此文「徹節」即《左傳》「達節」。《後漢紀》卷7：「夫能與造化推移，而不以哀樂為心者，達節之人也。」

（15）敦良奇介

按：介，獨也，特也。《方言》卷6：「介，特也。」《廣雅》：「介，獨也。」奇介，言其特異於人，超出於眾。

（16）自曹臧、孤竹、吳札、子罕之倫，不能驂也

章樵注：驂，與之齊之。駕車之馬兩服兩驂，比物比力，必欲均齊。

按：洪适曰：「碑中以『驂』為『參』。」自，猶雖也，推縱連詞。

（17）立溷濁而澄清，處幽暗而照明

按：暗，宋廿一卷本同；明本、墨海本作「晻」。《隸釋》同；龍谿本作「暗」，四庫本作「晻」。黃生曰：「暗，暝。」「晻」是「暗」形譌，「晻」同

〔註504〕顧藹吉《隸辨》卷2，收入景印文淵閣《四庫全書》第235冊，臺灣商務印書館1986年初版，第487頁。

〔註505〕參見黃德寬《古文字譜系疏證》，商務印書館2007年版，第3428頁。

〔註506〕顧藹吉《隸辨》卷5，收入景印文淵閣《四庫全書》第235冊，第673頁。

〔註507〕朱駿聲《說文通訓定聲》，武漢市古籍書店1983年版，第760頁。

「暗」。暗、瞑一聲之轉。

（18）世為立妦國

　　錢熙祚曰：「立」字誤，當依《隸釋》作「列」。

　　按：宋廿一卷本、明本、龍谿本、四庫本亦作「列」。顧藹吉曰：「《鄭固碑》『昔妦□□武弟述其兄』，按即『姬』字。姬從臣，變臣為正。《孫叔敖碑》『為列妦國』，張納《功德敘》『妦公曲阜』，《李翊夫人碑》『昔彼衛妦』，『姬』皆作『妦』。」〔註508〕

（19）令其子曰：「優孟曾許千金貸吾。」孟，故楚之樂長，與相君相善，雖言千金，實不貸也。」

　　按：不貸，各本同，《廣川書跋》卷5引亦同；《隸釋》作「負」，《梁谿漫志》卷5、《東漢文紀》卷28、《天中記》卷41、《說略》卷8、《錢通》卷15亦同（《梁谿漫志》據知不足齋叢書本，學海類編本作「貸」）。

（20）卒後數幸，莊王置酒以為樂

　　錢熙祚曰：「幸」字誤，當依《隸釋》作「年」。

　　按：宋廿一卷本作「𡴆」，《隸釋》作「𡴆」，乃「秊」形譌。「秊」即「年」字。

（21）即來其子，而加封焉

　　錢熙祚曰：《隸釋》「來」作「求」。

　　按：來，各本同，《梁谿漫志》卷5引作「求」。黃丕烈曰：「『來』誤作『求』。按孟郁《修堯廟碑》『萬□是來』，《成陽靈臺碑》『厥後堯來』，《祖統碑》『陰來索忠良』，皆書『求』為『來』。」〔註509〕「求」形誤作「来」，「来」是「來」俗字。

（22）攷籍祭祠，祇肅神明

　　錢熙祚曰：《隸釋》「攷」作「文」。

　　按：攷，宋廿一卷本、明本同。「文」是「攷」脫誤。

〔註508〕顧藹吉《隸辨》卷1，收入景印文淵閣《四庫全書》第235冊，第453頁。
〔註509〕黃丕烈《隸釋刊誤》，收入《中華漢語工具書書庫》第40冊，安徽教育出版社2002年版，第90頁。

（23）葬枯粟乏，愛育黎蒸

　　按：黎，宋廿一卷本、明本作「蔾」，《隸釋》同。葬枯粟乏，宋廿一卷本作「埊枯粟乏」，《隸釋》作「埊枯稟乏」。「埊」是「葬」俗字。「粟」即「稟」字。「粟」是「稟」形譌。《史記·田敬仲完世家》：「粟予民。」王念孫曰：「『粟』當為『稟』。稟予，猶給予也。《廣雅》曰：『稟，予也。』《漢書·文帝紀》：『吏稟當受鬻者。』顏師古曰：『稟，給也。』今本『稟』作『粟』者，『稟』、『粟』隸書相似（漢《楚相孫叔敖碑》『葬枯稟乏』，『稟』作『粟』。《郃陽令曹全碑》『以家錢糴米粟』，『粟』作『稟』。二形相似）。」〔註510〕

（24）討掃醜類，鰥寡是矜

　　按：鰥，宋廿一卷本作「鰥」，《隸釋》同，俗譌字。洪适曰：「『鰥』即『鰥』。」

樊遷《漢故中常侍騎都尉樊君之碑》校補

　　《隸釋》卷6亦有此文。

（1）出納王命，為之喉舌

　　按：王，《隸釋》作「玒」，同「王」。《隸釋》卷9《繁陽令楊居碑》：「民思遺愛，奔告于玒。」亦同。

（2）奕世載德，守業不惌

　　按：奕，《隸釋》作「亦」，省借字。

（3）在漢中業，篤生哲媛

　　按：業，宋九卷本、廿一卷本、明本、龍谿本、四庫本作「葉」，《隸釋》同，是也。篤，《隸釋》作「蔦」，俗字。

（4）顯受茅土

　　按：茅，《隸釋》形譌作「苐」，古字矛、弟形近每互混。

（5）天資淑慎

　　按：淑，宋九卷本、廿一卷本、龍谿本、四庫本作「淑」，《隸釋》同，是

也，下文引制詔亦作「淑慎」。《爾雅》：「淑，善也。」《說文》作「俶」，云：「俶，善也。」《詩·抑》：「淑慎爾止，不愆於儀。」鄭玄箋：「當善慎女之容止，不可過差於威儀。」「潌」則是「寂」俗字。

（6）然後慷慨官于王室

錢熙祚曰：《隸釋》「慷慨」下有「憤激」二字，「官」作「宦」。按九卷本亦作「宦」。

按：宋廿一卷本亦作「宦」，是也。《隸釋》「慷慨」下有「礉憤」，「王」作「壬」。洪适曰：「『礉』即『激』字，『憤』即『憤』字。」錢氏引誤倒。

（7）寵以印綬，策書褒歎

按：綬，宋九卷本、廿一卷本作「綆」，《隸釋》同；四庫本作「紱」。「綆」乃「綬」俗譌字。《廣雅》：「綆，綬也。」策，宋九卷本、廿一卷本作「策」，《隸釋》作「萊」，都是「策」俗字。

（8）俾不失隧

按：隧，《隸釋》作「隧」。洪适曰：「碑以『失隧』為『失隧』。」

（9）魂神遷佚

錢熙祚曰：「遷佚」二字誤，《隸釋》作「僊伏」。按九卷本「佚」亦作「伏」。

按：《隸釋》作「僊伏」，宋九卷本、廿一卷本作「遷伏」。

（10）勳名不剗，未昭千億

按：未，宋九卷本、廿一卷本、明本、龍谿本、四庫本作「永」，《隸釋》同，是也。

（11）今使湖陽邑長劉慘追號安為騎都尉，贈印綬

錢熙祚曰：「慘」當作「操」，九卷本尚不誤。

按：宋九卷本作「捸」，《隸釋》同；龍谿精舍叢書本作「摻」，廿一卷本作「憯」。「捸」、「摻」即「操」俗譌字，「憯」乃形譌。

衛覬《漢金城太守殷君碑》校補

宋九卷本作者題作「酈炎」，小注云：「一作衛覬」。《文選補遺》卷40亦有此文。

（1）君諱華，字叔時，上郡乏陽人

　　錢熙祚曰：「乏」當作「定」，九卷本尚不誤。

　　按：宋廿一卷本、龍谿本亦作「定」，《文選補遺》同。《漢書‧地理志》上郡有定陽縣。

（2）敦詩閱禮

　　章樵注：《左傳》：「晉郤縠為中軍帥，閱禮樂而敦詩書。」

　　按：注引《左傳》，見《僖公二十七年》，「閱」作「說」。閱，龍谿本、四庫本作「說」。漢《衡方墓碑》：「𢾾詩悅書，□□□秋。」漢《耿勳碑》：「君敦詩說禮，家仍典軍。」漢《趙寬墓碑》：「既敦《詩》《書》，悅志《禮》《樂》。」北魏《穆亮墓誌》：「敦詩悅禮，恩恭能敬。」北魏《元隱墓誌》：「悅禮敦詩，寤言不寤。」「悅」是正字。

（3）䡩韇竹賁，誕循前業

　　章樵注：䡩，方袁反。韇，徒木反，弓韜也。賁，簡策也。言文武之具，克遵前業。

　　按：章樵注「賁，簡策也」，其說未知何據，但章氏以文武之事說此句，則甚確。疑「賁」是「蕡」形譌。「蕡」同「簧」，字本作「簀」，讀為策。

（4）忠愕有分，其大操也

　　按：《文選補遺》作「忠諤有聞」，《全三國文》卷28作「忠諤有閒」。「分」音誤作「聞」，又形誤作「閒」。「分」當作「介」。介，節操、操守，與下「大操」相應。唐《薛收碑》：「耶（邪）佞者多，忠愕者少。」字亦作「忠愕」，北魏《元珍墓誌》：「少以忠愕為稱，長以風雅著仁。」本字是「諤」，《玉篇》：「諤，正直之言也。」

（5）故能雄傑於并域，聲班於上京

　　按：《廣雅》：「班，布也。」字亦作頒，《小爾雅》：「頒，布也。」

（6）咨量三壽

　　按：咨量，詢問商量。也作「諮量」，S.328《伍子胥變文》：「進退不敢輒諮量，踟蹰即欲低頭去。」唐《尹尊師碑》：「詢德諮量，救世度人。」

（7）邦場寧靜

按：場，《文選補遺》同，宋九卷本、廿一卷本、明本、龍谿本作「場」。「場」是「場」形誤。

（8）閔不耆德

按：閔，宋九卷本、廿一卷本、明本、墨海本、四庫本作「旻」。閔不耆德，《文選補遺》作「天不愁遺」，注：「《玉篇》曰：『愁，且也，傷也，閑也，魚僅切。』《毛詩》『不愁遺一老』，愁，傷也。」

（9）昆台之耀，秀出不群

章樵注：昆台，未詳，恐是「昆吾」字。昆吾石治（宋廿一卷本作「冶」。）鐵鑄劍，光彩照耀，切玉如泥。《列子》：「穆王征西戎，西戎獻昆吾劍。」

按：注「治」，宋廿一卷本作「冶」，是也。王嘉《拾遺記》：「薰風至，真人集，〔黄帝〕乃厭世於昆臺之上，留其冠劍佩舄焉。昆臺者，鼎湖之極峻處也，立館於其下，帝乘雲龍而遊殊鄉絕域，至今望而祭焉。」《漢書·百官公卿表》：「武帝太初元年，更名……甘泉居室為昆臺……昆臺五丞。」漢武帝蓋慕黄帝事，改甘泉居室為昆臺。此文「昆臺」代指漢帝居所。昆臺之耀者，言殷君是傑出的臣子。

（10）文昭有毅，武列能仁

按：列，《文選補遺》、《全三國文》卷28作「烈」。烈，光顯、著名，與「昭」同義對舉。北魏《張盧墓誌》：「以君文昭武烈，才毅過人，任為偏將，以先啟行。」東魏《高湛墓誌》：「文照（昭）武烈，望標中夏。」北齊《庫狄迴洛墓誌銘》：「王故吏等恐文昭武烈，與春萼而供消；鴻名茂績，共秋飄而競殞。」

（11）乘紀東壞，西國著勛

按：乘紀，《文選補遺》作「垂紀」。「乘」是「垂」形誤。垂，流傳。紀，法度、準則。

（12）于爾臣恩，續其敻芬

章樵注：續，一作「纘」。

按：敻，宋九卷本、廿一卷本、墨海本同；明本作「敻」，龍谿本作「臮」，

四庫本作「臭」，《文選補遺》、《全三國文》卷 28 亦作「臭」。《字彙》：「衛凱《殷君碑》『續其臭芬』，音義無考。」《正字通》：「一說『臭』譌作『臭』。」一說是也，《玉篇殘卷》「餕：郭璞曰：『餕，物臭也。』《說文》：『食而臭之也。』」又「餂，《廣雅》：『餂，濕臭也。』」又「饞，《蒼頡篇》：『食臭也。』」又「饐，孔安國曰：『饐，餲臭味變也。』」又「餲，郭璞曰：『飯穢臭也。』」P.3694《箋注本切韻》：「臭，臭氣，尺救反。」S.4624《受八關齋戒文》：「一者口氣常臭，二者所出言語人不信受之報。」諸字皆即「臭」字無疑。此文譌脫一點，遂成「臭」形，獨明本未脫。潭州宋刻本《集韻》「臊」字條引《說文》「豕膏臭也」，亦誤脫一點，南宋初明州刻本作「臭」，述古堂影宋鈔本、曹氏棟亭本、錢恂藏揚州使院本、四部備要本都作「臭」。

邯鄲淳《後漢鴻臚陳君碑》校補

《類聚》卷 49 引此文。

（1）淵深淪於不測，膽智應於無方

按：淵，《類聚》引誤作「川」。《呂氏春秋·論人》：「故知一，則應物變化，闊大淵深，不可測也。」又《觀表》：「淵深難測。」北齊《高湜墓誌》「淵深不測，山高可仰。」《全三國文》卷 26 乃從誤字作「川」，疏矣。方，常也。

（2）然後研幾道奧，涉覽文學

錢熙祚曰：九卷本「道」下空一格，此「奧」字，蓋章氏以意補也。按《類聚》引作「藝」。按：宋九卷本亦作「奧」，未空一格，錢氏誤校。九卷本與章注本非一系，然則作「奧」，非章氏以意補之也。宋刊《類聚》引作「研機道藝」（明刊本同，四庫本「機」作「幾」字，蓋後人所改，非其舊本）。後漢《趙寬墓碑》：「研機墳素，在國必聞。」後漢《范式碑》：「探嘖研機，罔深不入。」

（3）初平之元，禁罔蠲除，四府並辭，弓旌交至

章樵注：弓旌，所以招聘賢者。

錢熙祚曰：「辭」字誤，當依九卷本作「辟」。

按：辭，宋廿一卷本作「辤」，龍谿本、四庫本作「辟」。「辭」籀文作「辤」，俗字作「辝」，與「辟」形近致誤。《左傳·莊公二十二年》引佚《詩》：

「翹翹車乘，招我以弓。豈不欲往，畏我友朋。」《孟子‧萬章下》：「曰：『敢問招虞人何以？』曰：『以皮冠。庶人以旃，士以旂，大夫以旌。』」

（4）扳轅持轂，輪不得轉

按：扳，《全三國文》卷 26 作「攀」。《廣雅》：「扳，援也。」「扳」乃「攽」俗字，《說文》：「攽，引也。攀，攽或從手從樊。」「攀」同「攀」。

（5）袁術恣睢，僭號江淮，圖覆社稷

按：P.2011 王仁昫《刊謬補缺切韻》：「睢，恣睢，暴戾皃。」字亦作「次睢」、「恣婎」、「恣廈」〔註 511〕。

（6）君諗布不從，遂與成婚，送女在塗

按：《說文》：「諗，深諫也。《春秋傳》曰：『辛伯諗周桓公。』」諗布不從，言勸說呂布，而布不聽從。下文「不忘諗國，惠我無垠」，「諗」亦同，謂諫國事也。

（7）天子愍焉，使者弔祭，群卿以下臨喪會

按：宋九卷本、廿一卷本「會」下有「葬」字，其餘各本皆無。不當有「葬」字，宋本衍，各本刪之，是也。「喪會」成詞。臨喪會，來到喪事現場參加喪事。《史記‧秦始皇本紀》：「上病益甚，乃為璽書賜公子扶蘇曰：『與喪會咸陽而葬。』」又《李斯傳》：「始皇帝至沙丘，病甚，令趙高為書賜公子扶蘇曰：『以兵屬蒙恬，與喪會咸陽而葬。』」《御覽》卷 194 引張璠《漢記》：「楚曄為天水太守，之官，與故太守喪會於隴亭。」

（8）固天縱之，天鍾厥純

章樵注：天，一作「大」。

按：宋九卷本注異文誤在上「之」字下。《類聚》引「天」作「允」，是也，「天」涉上文而誤。《隸釋》卷 5《酸棗令劉熊碑》：「服骨叡聖，允鍾厥醇。」

（9）煢煢小子，號泣于旻

按：旻，讀為旻，指旻天。于，讀為呼。《孟子‧萬章上》：「舜往于田，

〔註 511〕 參見蕭旭《呂氏春秋校補》，花木蘭文化出版社 2016 年版，第 118～119 頁。

則吾既得聞命矣。號泣于旻天，于父母，則吾不知也。」《列女傳》卷1作「舜往于田號泣，日呼旻天，呼父母」。王引之曰：「『于』為『呼』之假借。」〔註512〕

崔瑗《河間相張平子碑》校補

（1）實掌重黎歷紀之度，亦能焞燿敦大天明地德，光照有漢

按：《說文》：「焞，明也。《春秋傳》曰：『焞燿天地。』」所引《春秋傳》，出《國語·鄭語》：「夫黎為高辛氏火正，以淳燿敦大，天明地德，光照四海，故命之曰祝融。」《鄭語》即此文所本。王念孫曰：「淳燿、敦大、光照，皆二字平列。『淳』字本作『焞』，焞，明也。燿，光也。言能光明天明，厚大地德也。」〔註513〕「淳燿」也作「醇燿」，《漢書·敘傳》班固《幽通賦》：「黎淳燿于高辛兮，芉彊大於南氾。」《漢書·律曆志》注引作「醇燿」。

（2）大泯斯道，世喪斯文

錢熙祚曰：九卷本「大」作「天」。

按：宋廿一卷本、龍谿本亦作「天」，是也。

（3）德茂材羡，高明顯融

章樵注：羡，一作「美」。

按：當據一本作「美」。明，各本同，獨宋九卷本作「朗」，明嘉靖刻本《河間府志》卷28亦作「朗」。《詩·既醉》：「昭明有融，高朗令終。」《國語·周語下》：「故高朗令終，顯融昭明。」

（4）廩廩其庶，亹亹其幾

按：《漢書·循吏傳》：「所居民富，所去見思，生有榮號，死見奉祀，此廩廩庶幾德讓君子之遺風矣。」王念孫曰：「廩廩者，漸近之意，即所謂庶幾也。言此數人者廩廩乎幾於德讓君子矣。《史記·孝文紀贊》曰：『漢興，至孝文四十有餘載，德至盛也。廩廩鄉改正服封禪矣。』《襄二十三年公羊傳》注曰：『廩廩近升平。』並與此『廩廩』同義。」〔註514〕陳立曰：「廩

〔註512〕王引之《經義述聞》卷31，江蘇古籍出版社1985年版，第733頁。
〔註513〕王引之《經義述聞》卷21，江蘇古籍出版社1985年版，第514頁。
〔註514〕王念孫《讀書雜志》卷6，中國書店1985年版，本卷第86頁。

廩蓋猶漸漸耳，兩漢時有此語。」〔註515〕蓋採王說。段玉裁曰：「凡戒慎曰『凜凜』，亦作『懍懍』，《漢書》通作『廩廩』。」〔註516〕段說與王說相承，「廩廩」是戒慎、敬重義，言小心翼翼而循次漸近也。《方言》卷 6：「稟，敬也。」《廣雅》：「懍，敬也。」「稟」是「懍」省文。段說是其本義，王說是其引申義。「曡曡」亦漸進貌，參見卷 6 崔寔《大赦賦》校補。「廩廩其庶，曡曡其幾」，二句「庶幾」分言，猶言「廩廩曡曡其庶幾」也。

邯鄲淳《曹娥碑》校補

宋孔延之《會稽掇英總集》卷 16、宋施宿《會稽志》卷 20、《文選補遺》卷 40、《金石萃編》卷 140 亦有此文。

（1）孝女曹娥者，上虞曹盱之女也

按：盱，明成化本作「盱」，《會稽志》引同，劉敬叔《異苑》卷 10 亦同。《後漢書·列女傳》、《世說新語·捷悟》劉孝標注引《會稽典錄》作「盱」。未知孰是。

（2）其先與周同祖，末胄荒流，爰茲適居

章樵注：流，一作「沈」。

按：注「沈」，宋九卷本、廿一卷本作「沉」，俗字。流，《掇英總集》、《文選補遺》作「沈」，《會稽志》、《金石萃編》作「沉」，與一本合；《文章辨體彙選》卷 680 作「淫」，明萬曆刻本《會稽縣志》卷 14 作「落」。《漢書·五行志》：「顛覆厥德，荒沈於酒。」「荒沈」、「荒流」、「荒淫」一聲之轉，謂耽于樂也。作「荒落」乃臆改。適，《掇英總集》、《會稽志》同，《文選補遺》誤作「遁」。適居，讀作「謫居」，猶言貶居。《史記·賈誼傳》：「賈生既辭往行，聞長沙卑濕，自以壽不得長，又以適去，意不自得……賈生既以適居長沙，長沙卑濕，自以為壽不得長，傷悼之，乃為賦以自廣。」《集解》引韋昭曰：「謫，譴也。」韋昭本「適去」作「謫去」，《文選·弔屈原文敍》同。《文選·鵬鳥賦敍》「適居」作「謫居」，《御覽》卷 21、927 引同。此文言其祖先因為荒淫而謫居於上虞。

〔註515〕陳立《公羊義疏》卷 59，商務印書館 1937 年版，第 1522 頁。
〔註516〕段玉裁《說文解字注》，上海古籍出版社 1981 年版，第 230 頁。

（3）逆濤而上

按：逆，《世說新語・捷悟》劉孝標注引《會稽典錄》作「泝濤而上」。「泝」即逆流義的分別字。

（4）訴伸告哀，赴江永號

錢熙祚曰：「伸」字誤，當依九卷本作「神」。

按：宋廿一卷本、龍谿本亦作「神」，《掇英總集》、《會稽志》、《文選補遺》、《金石萃編》同。

（5）或泊洲渚，或在中流

章樵注：渚，一作「嶼」。

按：《掇英總集》、《會稽志》、《文選補遺》、《金石萃編》作「嶼」，與一本合。

（6）不扶自直，不鏤自彫

章樵注：鏤，一作「斲」。

按：《掇英總集》、《會稽志》、《文選補遺》、《金石萃編》作「斲」，與一本合。

（7）歲數歷祀，立廟起墳

按：楊慎《升庵集》卷 78：「《方言》：『凡葬，無墳者謂之墓，有墳者謂之丘。』《檀弓》：『古者墓而不墳也。』邯鄲淳《曹娥碑》：『丘墓起墳。』蓋言丘其平墓而為高墳也。後世以墳、墓混為一，遂疑其重複，改為『立墓起墳』，非也。曾見上虞謝狷齋為予言此。」清劉獻廷《廣陽雜記》卷 5 說同〔註517〕，蓋襲謝、楊說。桂馥採楊說〔註518〕。是謝、楊所見本作「丘墓起墳」，《全三國文》卷 26 同。起，造作，今吳語猶然。

（8）邕題文云：「黃絹幼婦，外孫齏臼。」

錢熙祚曰：此下九卷本又有「二百年後，碑冢當墮江中，當墮不墮，逢王叵」，注云：「墮，一作墜。叵，一作匹。」

〔註517〕劉獻廷《廣陽雜記》卷 5，收入《續修四庫全書》第 1176 冊，上海古籍出版社 2002 年版，第 655 頁。

〔註518〕桂馥《札樸》卷 1，中華書局 1992 年版，第 52 頁。

　　按：「匹」是「叵」形譌。考《嘉泰會稽志》卷 10 引此語同，宋葉紹翁《四朝聞見錄》亦引此語，惟「二百」作「三百」，亦是也。又考唐劉餗《隋唐嘉話》卷下：「將軍王果嘗經峽口，見一棺於崖側，將墜，使人遷之平處，得銘云：『更後三百年，水漂我，臨長江，欲墮不墮逢王果。』」《御覽》卷 559 引《神怪志》：「王果經三峽，見石壁有物懸之如棺，使取之，乃一棺也。發之骸骨存焉，有銘曰：『三百年後，水漂我至長江，垂欲墮，欲落不落逢王果。」《蒙求集註》卷上引《神怪志》：「將軍王果為益州太守，路經三峽，船中望見江崖石壁千丈，有物懸在半崖，似棺椁，問舊行人，皆云：『已久。』果令人懸崖就視，乃一棺也，骸骨存焉，有石誌云：『三百年後水漂我，欲及長江垂欲墮，欲墮不墮遇王果。』」《太平廣記》卷 391：「唐左衛將軍王果被責，出為雅州刺史，於江中泊船，仰見巖腹中有一棺臨空半出，乃緣崖而觀之，得銘曰：『欲墮不墮逢王果，五百年中重收我。』」（未著出處）皆作「果」字，「叵」又「果」音譌。《通鑑》卷 203：「左威衛將軍王果。」

卷二十

楊雄《元后誄》校補

　　《類聚》卷 15 引此文。

（1）登涉帝位，禪受伊唐

　　錢熙祚曰：「涉」字誤，當依九卷本作「陟」。

　　按：宋廿一卷本、明本、龍谿本、四庫本亦作「陟」。

（2）營相厥宇，度河濟旁

　　按：度，讀為宅，古音同，猶言居住。《小爾雅》：「度，居也。」《方言》卷 3：「度，尻也，東齊海岱之間或曰度。」度河濟旁，居住在黃河、濟水之旁。《漢魏六朝百三家集》卷 8 作「渡」。鄭文曰：「度，通『渡』。」〔註519〕並非是。

（3）孝順皇姑，承家尚莊

　　章樵注：一作「聖敬齋莊」。

〔註519〕鄭文《楊雄文集箋注》，巴蜀書社 2000 年版，第 253 頁。

按：注「齋」，宋九卷本、龍谿本作「齊」，《類聚》引同。

（4）內則純被，后烈丕光

章樵注：被，一作「備」。內則，閨閫之禮度也。《禮記》有《內則》篇。

按：被，《類聚》引作「備」。被，讀為備。P.2702《春秋後語》：「無被故也。」《戰國策・西周策》「被」作「備」。S.4474：「其菩薩乃四弘德被，十地功□（充）。」P.2341：「榮國榮家，忠孝兼被。」此二例黃征、吳偉校「被」為「備」〔註520〕。S.2146：「夫諸佛興悲，無緣普備。」P.2854作「被」。北圖836：「卓彼真慈，無緣普被。」P.2358：「雖月蓋之供已被，而純陀之會由（猶）闕。」亦其例。

（5）肇初配先，天命是將

錢熙祚曰：「先」字誤，當依九卷本作「元」。

按：宋廿一卷本亦作「元」，《類聚》引同。上文「配元生成」，亦作「元」字。

（6）帝致友屬，靡有遺荒，咸被祚慶

錢熙祚曰：「友」當作「支」，九卷本尚不誤。

按：宋廿一卷本亦作「支」。龍谿本作「有」，又「友」音誤。

（7）勉進大聖，上下兼該

按：進亦勉也。《爾雅》：「亹亹，勉也。」《廣雅》作「亹亹，進也」。《呂氏春秋・季春紀》高誘注：「勉，進。」《禮記・樂記》鄭玄注：「進，謂自勉強也。」

（8）天之所壞，人不敢支

按：語出《左傳・定公元年》：「天之所壞，不可支也。」《國語・周語下》：「周詩有之曰：『天之所支，不可壞也。其所壞，亦不可支也。』」

（9）綏宥耆幼，不拘婦人

按：綏，安也。宥，寬也。《韻補》卷1「樊」字條引「綏」作「緌」，亦通，緌，寬也。梁蕭琛《難神滅論》：「惡殺豈可得緩宥逋逃？」

〔註520〕黃征、吳偉《敦煌願文集》，嶽麓書社1995年版，第184、792頁。

（10）寅賓出日，東秩暘谷

按：東秩暘谷，《類聚》引作「東秩陽谷」。「寅」是「夤」省借，敬也。

（11）遐邇蒙祉，中外禔福

按：禔，宋刊《類聚》引作「提」（四庫本作「禔」）。《漢書·司馬相如傳》：「遐邇一體，中外禔福。」《史記》作「提福」。「提」是借字。

（12）著德太常，注諸旒旌

按：旌，《文選·宋孝武宣貴妃誄》、《宋文皇帝元皇后哀策文》李善注引同，又《王仲宣誄》李善注引作「旗」，又《楊荊州誄》「敢託旒旗，爰作斯誄」李善注引作「旗」。「旗」是「旌」異體字。作「旗」者，李善改字以就正文。

傅毅《北海王誄》校補

《類聚》卷 45 引此文，作者誤題作傅龍。

（1）於惟群英列俊，靜思勒銘

錢熙祚曰：「惟」字誤，《類聚》作「是」。

按：錢說未是。各本皆作「於惟」，是句首語助。「於」音烏。下篇《曹蒼舒誄》：「於惟淑弟，懿矣純良。」蔡邕《童幼胡根碑銘》：「於惟仲原，應氣淑靈。」也作「於維」，本書卷 19 崔瑗《河間相張平子碑》：「於維張君，資質懿豐。」

（2）貴尠不驕，滿罔不溢

按：《孝經》：「子曰：『在上不驕，高而不危，制節謹度，滿而不溢。高而不危，所以長守貴。滿而不溢，所以長守富。』」此文反其意而用之。

魏文帝《曹蒼舒誄》校補

《類聚》卷 45 引此文。

（1）彼德之容，茲義肇行

按：茲義肇行，《類聚》引作「慈我聿行」，《文選補遺》卷 39 作「茲義聿行」，《漢魏六朝百三家集》卷 26 作「茲我聿行」。今本不誤。「肇」是「肇」俗字，敏疾。《爾雅》：「肇，敏也。」

（2）宜逢介祉，以永無疆

按：介祉，《類聚》引誤作「分祚」。介，讀為奊。《說文》：「奊，大也。」

（3）惟人之生，忽若朝露，役役百年，亹亹行暮

章樵注：役役，一作「促促」。

按：《類聚》、《漢魏六朝百三家集》卷26作「促促」，與一本合。此言人生之短，當作「促促」，「役」是形譌。《抱朴子內篇·對俗》「故不足役役於登天」，「役役」亦當從敦煌本作「促促」〔註521〕。亹亹，漸進貌，參見卷6崔寔《大赦賦》校補。

（4）矧爾夭夭，十三而卒

按：夭夭，《類聚》引作「既夭」。「夭」是「夭」形譌。

（5）悠悠群司，岌岌其車

按：悠悠：眾多貌。《史記·孔子世家》：「桀溺曰：『悠悠者天下皆是也。』」音轉亦作「滔滔」、「慆慆」，《論語·微子》：「滔滔者天下皆是也。」鄭本作「悠悠」，《漢書·敘傳》顏師古注引作「慆慆」。《詩·黍離》「悠悠蒼天」，安大簡作「滔滔蒼天」。岌岌，亦眾多貌。《廣雅》：「岌岌，盛也。」漢《張公神碑》：「魚岌岌兮踊躍見，振鱗尾兮遊旴旴。」

卷二十一

賈誼《虡賦》校補

《書鈔》卷111、《類聚》卷44、《初學記》卷16引此文。

（1）妙彫文以刻鏤兮，象巨獸之屈奇兮

按：彫文，《書鈔》、《初學記》引作「雕文」。屈奇，《書鈔》引作「窟奇」。

（2）戴高角之峩峩，負大鍾而顧飛

按：顧，《初學記》引同。「顧」為「故」音誤，「故」又「欲」形譌，《類聚》、《御覽》卷582、《玉海》卷109引作「欲」。

〔註521〕參見孫人和《抱朴子校補》，民國鉛印本，第9頁。

（3）美哉爛兮，亦天地之大式

章樵注：歐陽詢《藝文類聚》載賈誼《虡銘》云：「攷太平以深志，象巨獸之屈奇。妙彫文以刻鏤，舒循尾之采垂。舉其鋸牙，以左右相指，負大鍾而欲飛。」

按：注引《類聚》「攷」，宋刊《類聚》引作「牧」，《書鈔》引作「收」。「攷」、「收」皆「牧」形譌。方向東曰：「牧當訓察。」〔註522〕注引《類聚》「舒循」，王耕心曰：「『循』乃『脩』字形近之誤。』」〔註523〕其說是也，《書鈔》引亦誤作「循」。脩尾，即「修尾」，長尾。

劉歆《甘泉宮賦》校補

《初學記》卷24、《類聚》卷62、《記纂淵海》卷8引此文。

（1）軼凌陰之地室，過陽谷之增城

按：凌，《初學記》引同，《類聚》、《樂府詩集》卷84引作「陵」。《詩·七月》：「二之日鑿冰沖沖，三之日納于凌陰。」《釋文》：「凌陰，力證反，又音陵。陵陰，冰室也。《說文》作『㳘』，音凌。」增，宋刊《初學記》引同，古香齋本《初學記》、《類聚》、《樂府詩集》引作「秋」。

（2）按軒轅之舊處，居北辰之關中

章樵注：《黃圖》：「咸陽宮殿象天極帝居，故此宮在北辰環城之內。」關，一本作「閎」。

按：按，《初學記》、《記纂淵海》引作「案」。按，依據、仿照。宋刊《初學記》作「関」，乃「關」俗字；古香齋本《初學記》、《類聚》引作「閎」，與一本合。作「閎」是，閎，門也。

（3）封巒為之東序，緣石闕之天梯

章樵注：封巒、石闕，皆觀名，在甘泉苑垣內。

按：宋九卷本脫「封巒」句。闕，宋廿一卷本同，《初學記》、《類聚》、《記纂淵海》引亦同，宋九卷本作「關」。《史記·司馬相如傳》《上林賦》：「蹷石闕，歷封巒，過鳷鵲，望露寒。」《集解》引《漢書音義》：「皆甘泉宮

〔註522〕方向東《賈誼集匯校集解》，河海大學出版社2000年版，第444頁。
〔註523〕王耕心《賈子次詁》卷7，收入《續修四庫全書》第933冊，上海古籍出版社2002年版，第94頁。

左右觀名也。」《史記》各本同，《漢書》、《類聚》卷66作「石闕」；《文選》有不同版本，國圖藏宋刻本、宋明州本、宋紹興三十一年陳八郎刊本、奎章閣藏本、四部叢刊影南宋本、明吳勉學刻本、明嘉靖吳愻嘉趣堂覆廣都裴氏本作「石闕」，宋淳熙八年尤刻本、嘉靖元年金臺汪諒刊本作「石關」。胡克家曰：「袁本、茶陵本『關』作『闕』，而不著校語。案：依此善與五臣同作『闕』也。《漢書》作『關』，《史記》作『闕』，善引張揖《漢書》注則作『關』，未為非。恐此是尤延之依《史記》改。前卷及《漢書·楊雄傳》俱作『關』字。」〔註524〕瀧川資言曰：「石闕，《漢書》作『石關』，《文選》及《漢書·揚雄傳》〔註525〕、《三輔黃圖》作『石闕』。梁玉繩曰：『當作關。』張文虎曰：『關與下巒、寒韻。』愚按：作『闕』為是，是句不必韻。」〔註526〕《三輔黃圖》卷2：「起彷徨觀，築甘泉苑。建元中作石闕、封巒、鳷鵲觀於苑垣內。」又卷4：「甘泉苑，武帝置……苑中起宮殿臺閣百餘所，有仙人觀、石闕觀、封巒觀、鳷鵲觀。」《文選·甘泉賦》：「往往離宮般以相燭兮，封巒石闕施靡乎延屬。」李善注：「《三輔黃圖》曰：『甘泉有石闕觀，封巒觀。』」《三輔黃圖》卷5引作「封巒、石闕弭迆乎延屬」。龍谿精舍叢書本校記引畢沅曰：「《文選》注屢引皆作『石闕觀』。」未作按斷。胡紹煐曰：「許氏慶宗曰：『石闕，即《上林》之石闕。《史記·司馬相如傳》亦作石闕。闕、闕義通，此觀以石門山為名也。』孫氏義鈞曰：『《三輔黃圖》「武帝作甘泉苑，建元中作石闕、封巒、鳷鵲觀於苑垣內。」又『石闕觀、封巒觀。《甘泉賦》云「封巒石闕弭迆乎延屬」，而《漢書》與各本俱作「石關」，注並同。』紹煐按：此以石門山得名，不妨闕、關並稱，以門闕言謂之石闕，以門關言謂之石關。本書《上林賦》『蹷石闕，歷封巒。』善及《史記》作『闕』，《漢書》作『關』，亦闕、關互出可證也。」〔註527〕許氏、胡氏則二存之。

（4）桂木雜而成行，芳肸蠁之依斐

錢熙祚曰：依斐，《類聚》作「依依」。

按：肸蠁，《初學記》引作「肹蠁」，宋刊《類聚》引作「肹嚮」（四庫本作「肹蠁」）。依斐，宋九卷本、廿一卷本同，宋刊《初學記》引亦同；古香齋

〔註524〕胡克家《文選考異》卷2，嘉慶刊本，本卷第4頁。
〔註525〕引者按：《漢書·揚雄傳》作「石關」。
〔註526〕瀧川資言《史記會注考證》卷117，上海古籍出版社1986年版，第1879頁。
〔註527〕胡紹煐《文選箋證》卷8，黃山書社2007年版，第218頁。

本《初學記》引作「依依」，《記纂淵海》引作「依柴」。「盻」是「肸」形譌。
肸蠁，彌滿布散貌，字亦作「肸響」、「肸嚮」、「翕響」〔註528〕。依斐，濃盛
貌，字亦作「依霏」，《楚辭·哀時命》：「雲依斐而承宇。」《補注》：「斐，一
作霏。」《初學記》卷2、《歲華紀麗》卷3引作「依霏」。梁沈趨《賦得霧詩》：
「窈鬱蔽園林，依霏被軒牖。」字也作「依菲」，梁蕭子範《東亭極望詩》：「郊
原共超遠，林野雜依菲。」

（5）甘泉涌於中庭，激清流之瀰瀰

按：泉，宋九卷本、廿一卷本、明本、龍谿本、四庫本作「醴」，《初學
記》、《類聚》引同。瀰瀰，古香齋本《初學記》引同（宋刊本未引），宋刊
《類聚》引作「瀰瀰」（四庫本作「瀰瀰」）。

（6）黃龍遊而宛蟺，神龜沈於玉泥

章樵注：宛蟺，音蜿蜒。

按：宛蟺，宋廿一卷本作「宛壇」，宋刊《類聚》引同（四庫本作「蜿
蟺」）；古香齋本《初學記》引作「蜿蟺」（宋刊本未引）。

（7）離宮特館，接比相連

按：特館，宋刊《初學記》、《類聚》引作「特觀」（古香齋本《初學記》
「特」誤作「持」）。接，《初學記》引同，《類聚》引誤作「樓」。

（8）高巒峻阻，臨洮廣衍

按：臨洮廣衍，《初學記》引作「臨眺廣衍」，《類聚》、《韻補》卷2「衍」
字條引作「臨眺曠衍」。「洮」當作「眺」。伏俊璉曰：「廣衍，寬廣遼闊。《墨
子·非攻中》：『今萬兼之國，虛數於千，不勝而入，廣衍數於萬，不勝而辟。』」
「曠衍」即「廣衍」，晉歐陽建《登櫓賦》：「登茲櫓以遐眺，闢曾軒以高昡。
仰天塗之綿邈，俯平原之曠衍。」

（9）芙蓉菡萏，淩荇蘋藻

按：淩荇蘋藻，宋廿一卷本同，宋九卷本作「淩華蘋藻」，宋刊《初學記》
引作「菱華蘋藻」（古香齋本作「菱荇蘋藻」），《類聚》引作「菱荇蘋藻」。「菡

〔註528〕 參見蕭旭《列女傳校補》，收入《群書校補（續）》，花木蘭文化出版社2014
年版，第815～816頁。

苕」本作「菡萏」，即「芙蓉」之未開花者，《廣雅》：「菡萏，芙蓉也。」王念孫曰：「未發為菡萏，已發為芙蓉。」〔註529〕

傅毅《琴賦》校補

《類聚》卷44、《初學記》卷16引此文。

（1）歷松岑而將降，睹鴻梧於幽阻

錢熙祚曰：《類聚》「松」作「嵩」。

按：宋九卷本、廿一卷本作「松」，《初學記》引亦作「嵩」。「松」是「崧」省文，同「嵩」。《類聚》卷28曹植《節遊賦》：「仰西岳之崧岑，臨漳滏之清渠。」

（2）蹈通涯而特遊，圖茲梧之所宜

按：特遊，宋刊《初學記》引同，古香齋本作「遠遊」，《類聚》引作「將圖」，《蔡中郎集》卷4作「往遊」。《類聚》「遊」、「圖」二字誤倒。「將」是「特」形譌。《全後漢文》卷43偏從誤本作「將圖」，失於採擇。

（3）信雅琴之麗樸，乃弁伐其孫枝

章樵注：弁，一作「升」。孫枝，附生枝也。

按：信，《類聚》引作「蓋」。雅，《類聚》引同，古香齋本《初學記》引誤作「唯」（宋刊本不誤）。麗樸，宋刊本《初學記》、《類聚》、《蔡中郎集》卷4同；明本作「麗撲」，古香齋本《初學記》引同。伐，明本誤作「代」。「撲」是「樸」形譌。麗樸，指製作琴具極好的材料。弁，《初學記》、《類聚》引作「升」，與一本合。

（4）盡聲變之奧妙，抒心志之鬱滯

按：抒，《蔡中郎集》卷4亦同。宋九卷本、廿一卷本作「杼」，宋刊《類聚》、宋刊《初學記》引同；四庫本《類聚》、古香齋本《初學記》皆作「抒」，皆已校正。

〔註529〕王念孫《廣雅疏證》，收入徐復主編《廣雅詁林》，江蘇古籍出版社1992年版，第886頁。

蔡邕《協和昏賦》校補

《初學記》卷 14 引此文。

（1）考遂初之原本，覽陰陽之綱紀

章樵注：遂初，往古也。

按：遂，古香齋本《初學記》引作「邃」（宋刊本作「遂」），《蔡中郎集》卷 4、《漢魏六朝百三家集》卷 18 同。遂，讀為邃，遠也。

（2）唯休和之盛代，男女德乎年齒

章樵注：休，音煦。休和，猶醇和也。

錢熙祚曰：《初學記》「德」作「得」。

按：休和，猶言和煦，溫暖。《周禮・考工記》：「夫角之本蹙於剄，而休於氣，是故柔。」鄭玄注：「蹙，近也。休，讀為煦。」《釋文》：「休，音煦。煦，況付反，又音休。」段玉裁曰：「休，讀為煦，聲類同也。《說文》曰：『煦，烝也。』《玉藻》『顛實陽休』，亦讀煦。」〔註530〕朱駿聲曰：「休，段借為煦，休、煦亦一聲之轉。」又「休、煦雙聲。」〔註531〕德，讀為得，適合、配合。

（3）車服照路，驂騑如舉

章樵注：驂騑，車旁兩馬也。如舉，言均齊。

錢熙祚曰：「舉」字誤，當依《初學記》作「舞」。

按：舉，各本同，《漢魏六朝百三家集》卷 18 亦作「舞」。《詩・大叔于田》：「執轡如組，兩驂如舞。」

（4）阿傳御堅，雁行蹉跎

錢熙祚曰：「堅」字誤，《初學記》作「豎」，九卷本亦作「豎」。

按：宋刊《初學記》引作「豎」（古香齋本作「豎」），九卷本、廿一卷本皆作「堅」，錢氏誤校。作「御豎」是。蹉跎，《初學記》引作「蹉跎」。「跎」同「跎」。「蹉跎（跎）」是「差池」音轉，音轉亦作「柴池」、「儕傄」、「茈虒」，參差不齊皃〔註532〕。

〔註530〕段玉裁《周禮漢讀考》卷 6，收入《皇清經解》卷 639，第 4 冊，上海書店 1988 年版，第 223 頁。

〔註531〕朱駿聲《說文通訓定聲》，武漢市古籍書店 1983 年版，第 242、352 頁。

〔註532〕參見方以智《通雅》卷 6，收入《方以智全書》第 1 冊，上海古籍出版社 1988 年版，第 257 頁。

蔡邕《琴賦》校補

《書鈔》卷 109、《類聚》卷 44、《初學記》卷 16 引此文。

（1）清聲發兮五音舉，韻宮商兮動徵羽

按：下句，《初學記》引同，《類聚》引作「發宮商兮動角羽」。《書鈔》引此二句作「爾乃清聲振，五音舉，發宮商，動羽徵」。

（2）曲引興兮繁絲撫

按：絲，《類聚》引作「弦」，《初學記》、《漢魏六朝百三家集》卷 18 作「絃」。「絲」是「絃」形誤，下文亦作「繁絃」。晉孫該《琵琶賦》：「儀蔡氏之繁弦，放莊公之倍簧。」

（3）抵掌反復，抑按藏摧

按：抵掌反復，《類聚》、《書鈔》、《初學記》、《春渚紀聞》卷 8 引作「指掌反覆」。「抵」當作「指」。反復，讀作「反覆」，翻來覆去。按，《類聚》、《書鈔》引作「案」，宋刊《初學記》引誤作「接」（古香齋本不誤）。摧，宋廿一卷本同，各書引亦同，宋九卷本作「催」。

（4）於是繁絃既抑，雅韻乃揚

按：絃，《初學記》（凡二引）、《玉海》卷 110、《錦繡萬花谷》後集卷 32 引同，《類聚》引作「弦」；《書鈔》凡二引，一作「弦」，一作「絃」。韻，《類聚》引同，《書鈔》引作「響」（凡二引），《萬花谷》、《合璧事類備要》前集卷 57 引作「聲」；《初學記》凡二引，一作「韻」，一作「聲」。

（5）感激絃歌，一低一昂

按：絃，《初學記》、《書鈔》引同，《類聚》引誤作「茲」。一低一昂，《類聚》、《初學記》引同，《書鈔》引作「故為之一低一昂」。

蔡邕《胡栗賦》校補

《初學記》卷 28、《類聚》卷 87、《白氏六帖事類集》卷 30、《御覽》卷 964、《記纂淵海》卷 92 引題皆作《傷故栗賦》。章樵注引邕《自序》：「人有折蔡氏祠前栗者，故作斯賦。」《御覽》、《記纂淵海》引「栗」前有「故」字。

沈欽韓曰：「『故栗』字有訛。」〔註533〕「故」是「胡」譌，形聲俱近。《齊民要術·種栗》：「蔡伯喈曰：『有胡栗。』」

（1）通二門以征行兮，夾堦除而列生

按：堦，《初學記》引作「階」。

（2）彌霜雪之不彫兮，當春夏而滋榮

按：《文選·子虛賦》郭璞注：「彌，覆也。」之，猶而也。滋，益，更。滋榮，更加茂盛。

（3）因本心以誕節兮，凝育檗之綠英

錢熙祚曰：《初學記》「育」作「青」。

按：錢校未盡。凝育檗，宋九卷本、廿一卷本、明本、墨海本、四庫本同，龍谿本作「凝育蘖」（《漢魏六朝百三家集》卷 18 同），《初學記》引作「挺青蘖」，《蔡中郎集》卷 4 作「凝育蘖」，《全後漢文》卷 69 作「挺青檗」。「育」當作「青」。「蘖」是「檗」俗字，「檗」同「櫱」。「檗」是形譌字。《說文》：「櫱，伐木餘也。《商書》曰：『若顛木之有由櫱。』櫱，櫱或從木辝聲。」唐寫本《說文解字》引《商書》作「由蘖」，今《書·盤庚上》作「由櫱」。字亦作枿。

（4）形猗猗以豔茂兮，似翠玉之清明

錢熙祚曰：《初學記》「清」作「精」。

按：茂，《初學記》引同，《類聚》引作「懋」，古字通。翠，《類聚》、《初學記》引作「碧」。清，宋九卷本、廿一卷本、明本同，《類聚》引亦作「精」。

（5）何根莖之豐美兮，將蕃熾以悠長

按：蕃熾，字亦作「繁熾」。《後漢紀》卷 15：「是俗吏繁熾，儒生寡少。」《宋書·夷蠻傳》：「廣州諸山並俚、獠，種類繁熾。」

（6）適禍賊之災人兮，嗟夭折以摧傷

錢熙祚曰：《類聚》「適」作「遇」。

〔註533〕 沈欽韓《後漢書疏證》卷 7，上海古籍出版社 2006 年版，第 144 頁。

按：宋廿一卷本亦作「遇」。《文選‧王命論》：「以為適遭暴亂，得奮其劍。」李善注：「適，猶遇也。」

魏文帝《浮淮賦》校補

《初學記》卷 6、《類聚》卷 8 引此文。

（1）泝淮水而南邁兮，泛洪濤之湟波

按：《初學記》引同，《類聚》引「濤」作「潭」，「湟」作「皇」。湟，讀為洸。《說文》：「洸，水涌光也。」字亦作潢、潢、瀇，《集韻》：「滉，水深廣兒，或作潢、瀇、洸。」

（2）仰巖岡之崇阻兮，經東山之曲阿

按：《初學記》引同，宋刊《類聚》引「岡」作「崗」，「崇」作「隆」（四庫本仍作「岡」）。崇、隆一聲之轉。

（3）揚雲旗之繽紛兮，聆榜人之讙譁

章樵注：榜，必猛反，船人也。《月令》「命榜人」。

按：《玉篇》：「榜，榜人，船人也。」榜，讀為舫。《說文》：「舫，船師也。《明堂月令》曰『舫人』，習水者。」段玉裁據《韻會》刪「師」字〔註 534〕，非也。《玉篇殘卷》、《集韻》引有「師」字。《禮記‧月令》：「命漁師伐蛟取鼉。」鄭玄注：「《今月令》『漁師』為『榜人』。」「船師」即「漁師」，亦即「榜人」。字亦作滂，《淮南子‧時則篇》：「令滂人入材葦。」

（4）白旄沖天，黃鉞扈扈

按：沖，宋九卷本、廿一卷本作「沖」，《初學記》卷 6 引同。鉞，宋九卷本誤作「越」。扈扈，鮮明貌。其本字作「旰旰」，《說文》：「旰，明也。」〔註 535〕

（5）爭先逐進，莫適相待

按：宋廿一卷本同，《韻補》卷 3「待」字條引亦同，《類聚》引作「適」前有「過」字。「過」乃「適」形譌而衍。《廣韻》：「適，樂也。」莫適，猶言

〔註 534〕段玉裁《說文解字注》，上海古籍出版社 1981 年版，第 403 頁。
〔註 535〕參見鈕樹玉《說文新附考》卷 3，鄭珍《說文新附考》卷 3，並收入丁福保《說文解字詁林》，中華書局 1988 年版，第 6861～6862 頁。

不願意，不樂意。

王粲《大暑賦》校補

《初學記》卷 3、《類聚》卷 5、《御覽》卷 34 引此文。

（1）喜潤土之溽暑，扇溫風而至興

章樵注：大暑後五日，土潤溽暑。六月節溫風至。

按：溫風，也稱作「湯風」、「炎風」、「融風」，參見卷 3 賈誼《旱雲賦》校補。

（2）獸狼望以倚喘，鳥垂翼而弗翔

錢熙祚曰：此上《御覽》有「或赫戲以癉炎，或鬱衍而燠蒸」二句。

按：景宋本《御覽》「衍」作「術」，錢氏所據乃誤本。①「鬱術」是疊韻連語，鬱積貌。《釋名》：「人所為之曰潏。潏，術也，堰使水鬱術也。魚梁水碓之謂也。」蔡邕《述行賦》：「雲鬱術而四塞兮，雨濛濛而漸唐。」梁王僧孺《與陳居士書》：「雲波遙敻，燕越數千。行雲鬱術，征禽難使。」字亦作「鬱述」，魏曹植《喜雨詩》：「慶雲從北來，鬱述西南征。」《書鈔》卷 134 引晉陸機《羽扇賦》：「驅囂塵之鬱述，流清氣之悄悄。」《御覽》卷 791 引《永昌郡傳》：「建寧郡，朱提之東南六百里，土氣和適，盛夏之月熱不鬱述，猛冬時寒慘慄。」沈兼士曰：「余意水碓之制，乃藉水之回力以為用，故謂之鬱術。術者，《說文》訓為邑中道；城中道路，周轉互通，亦取義於回。」〔註536〕沈氏引《說文》謂「術」取義於回，非是。音轉又作「鬱律」、「鬱嵂」、「鬱崒」、「鬱嵒」、「鬱嶂」、「鬱嶧」等形。②狼望，倒言音轉為「望浪」、「望洋」、「盳洋」、「望羊」、「望陽」、「望佯」、「亡陽」，茫然自失貌。參見卷 5 劉歆《遂初賦》校補。

（3）遠昆吾之中景，天地羲其同光

章樵注：《鄭語》注：「祝融之孫封於昆吾。祝融，炎帝之佐。」

按：《淮南子·天文篇》：「日出于暘谷……至于昆吾，是謂正中。」高誘注：「昆吾邱，在南方。」此文「昆吾」代指時間，指正午。言遠離正午的太

〔註536〕沈兼士《與丁聲樹論〈釋名〉「潏」字之義類書》，收入《沈兼士學術論文集》，中華書局 1986 年版，第 203～206 頁。

陽光。《方言》卷 12：「翕，熾也。」又卷 13：「翕，炙也。」字亦作熻，《廣雅》：「灼、燒、炳、炙、熻，爇也。」《玉篇》：「熻，熱也。」《廣韻》：「翕，火炙。」又「熻，熻熱。」「熱」是「爇」省文，猶言燒烤、火炙、熾熱。

（4）仰庭槐而嘯風，風既至而如湯

按：槐，《類聚》、《御覽》引同，《初學記》引誤作「熠」。至，《類聚》、《初學記》引同，《御覽》引誤作「生」。而如湯，《類聚》引同，《初學記》、《御覽》引作「其如湯」。

（5）氣呼吸以怯短，汗雨下而霑裳

按：怯短，《初學記》引誤作「祛和」，《御覽》引誤作「祛短」。

曹植《述行賦》校補

（1）濯余身于秦井，律湯液之若焚

章樵注：秦井，溫泉也。

錢熙祚曰：《初學記》作「偉溫濤之若焚」。

按：秦，各本同，《初學記》卷 7 引作「神」（凡二引）。本書卷 5 張衡《溫泉賦》序：「余適驪山，觀溫泉，浴神井。」律湯液，宋九卷本、廿一卷本同，《曹子建集》卷 4 亦同，《記纂淵海》卷 8 引作「偉溫濤」，《漢魏六朝百三家集》卷 26 作「偉湯液」；宋刊《初學記》凡二引，一作「偉溫濤」，一作「偉溫液」（古香齋本都作「偉溫濤」）。「律」是「偉」形譌。《文選·東京賦》：「溫液湯泉。」薛綜注：「言泉水如湯，浴之可以除病，在河南梁縣界中也。」

劉楨《大暑賦》校補

《類聚》卷 5 引此文。

（1）太陽為輿達炎燭，威靈參乘步朱轂

章樵注：南方赤帝曰靈威仰。

錢熙祚曰：「威靈」二字當依九卷本乙轉，注中尚不誤。

按：錢校未盡。威靈參乘，墨海本同，宋九卷本、廿一卷本作「靈威參垂」，明本、龍谿本、四庫本作「威靈參垂」，宋刊《類聚》引亦作「靈威參垂」（四庫本仍作「乘」字）。「垂」是「乘」形譌。

（2）赫赫炎炎，烈烈暉暉

按：暉暉，讀作「煇煇」、「輝輝」，光明貌。《說文》：「煇，光也。」《文選·西京賦》：「彤庭煇煇。」薛綜注：「彤，赤也。煇煇，赤色貌。」

（3）若熾燎之附體，又温泉而沈肌

按：沈，宋九卷本、廿一卷本作「沉」，《類聚》引同，俗字。沈，讀作浸，浸漬也。

（4）獸喘氣於玄景，鳥戢翼於高危

按：氣，《類聚》引同，孔本《書鈔》卷 156 引作「遽」（四庫本形誤作「處」）。

（5）農畯捉鐏而去疇，織女釋杼而下機

章樵注：鐏，在困反，農器，鐵首。

按：鐏，《漢魏六朝百三家集》卷 31 作「鎛」，四庫本《類聚》引同（宋刊本、明刊本仍作「鐏」）。疑「鐏」是「鎛」形譌。《說文》：「鎛，一曰田器。」《釋名》：「鎛（鎛）亦鋤田器也。鎛，迫也，〔迫地去草也〕〔註 537〕。」

應瑒《靈河賦》校補

《水經注·河水》、《初學記》卷 6、《類聚》卷 8、《禹貢指南》卷 3 引此文。

（1）咨靈川之遐源兮，于崑崙之神邱

按：咨，《類聚》、《初學記》引同，《水經注》、《禹貢指南》引作「資」。源，《水經注》、《初學記》引同，《類聚》引作「原」。咨，讀作資，資取。于，《類聚》、《初學記》引同，《水經注》、《禹貢指南》引作「出」。

（2）衝積石之重險兮，披山麓之溢浮

按：衝，《類聚》引同，《初學記》、《合璧事類備要》前集卷 7 引誤作「行」，《全後漢文》卷 42 誤作「銜」。

（3）涉津洛之阪泉，播九道之中州

章樵注：洛，一作「路」。阪，一作「峻」。

〔註 537〕 「迫地去草也」五字據《御覽》卷 823 引補。

　　錢熙祚曰：下「之」當作「乎」，九卷本尚不誤。

　　按：洛，《水經注》、《初學記》、《禹貢指南》引同，《類聚》引作「路」。
阪，《初學記》引同，《水經注》、《類聚》、《禹貢指南》引作「峻」。下「之」，
宋廿一卷本、四庫本作「乎」，《類聚》、《初學記》引同；《水經注》、《禹貢指
南》引作「于」。

（4）汾鴻涌而騰鶩兮，恒亹亹而徂征

　　按：鴻，《類聚》引同，宋九卷本、廿一卷本、明本、龍谿本、墨海本、
四庫本作「澒」，《初學記》引作「傾」。鶩，宋廿一卷本、明本、墨海本同，
《類聚》引亦同；宋九卷本、龍谿本、四庫本作「騖」，《初學記》引同。「鴻」
同「澒」，「傾」是其形譌。「鶩」是「騖」形譌。澒涌，讀作「澒溶」，水勢
上涌貌。《慧琳音義》卷22：「澒涌奔馳：澒，胡動反。涌字正宜作溶，故《楚
辭》注云：『澒溶，水大皃。』《漢書‧高紀傳》注云：『澒溶，竦溶也。』經
本作『涌』者，誤也。」左思《吳都賦》：「泓澄龕漾，澒溶沆瀁。」梁江淹
《江上之山賦》：「龕瀶澒溶兮，楚水而吳江。」字亦作「鴻溶」，音轉則作
「竦踊」。王念孫曰：「慫憑者，從旁動之也。因而物之自動者，亦謂之慫憑。
《漢書‧司馬相如傳》：『紛鴻溶而上厲。』張注云：『鴻溶，竦踊也。』『竦
踊』、『鴻溶』，又語之轉矣。」〔註538〕「汾」當作「紛」，涉「鴻涌」而誤
作水旁。「紛鴻涌而騰鶩」即《大人賦》「紛鴻溶而上厲」之誼也。《楚辭‧
九歎‧遠逝》：「波淫淫而周流兮，鴻溶溢而滔蕩。」王逸注：「鴻溶，廣大。
鴻，一作澒。」梁劉孝標《登郁洲山望海詩》：「滇洄非可辯，鴻溶信難測。」
亹亹，漸進貌，參見卷6崔寔《大赦賦》校補。

（5）肇乘高而迅逝兮，陽侯沛而震驚

　　按：沛，《類聚》引同，《初學記》引作「怖」。「怖」是「沛」形譌。言波
浪大而震驚也。本書卷7蔡邕《漢津賦》：「楊侯沛以奔驚，洪濤涌以沸騰。」
震，《類聚》、《初學記》引作「振」。

（6）扶疏灌列，暎水陰防

　　章樵注：灌音貫，木叢生也。《詩》：「黃鳥于飛，集于灌木。」

〔註538〕王念孫《廣雅疏證》，收入徐復主編《廣雅詁林》，江蘇古籍出版社1992年
　　　　版，第59頁。

按：疏，《類聚》引誤作「流」。陰，宋廿一卷本作「蔭」，《類聚》引同。

傅毅《東巡頌》校補

章樵注：「傅毅，一本作『崔駰』。」錢熙祚曰：「《類聚》卷39、又《初學記》卷13、《書鈔》卷120，並以此頌為崔駰作。」《書鈔》卷16、《後漢書‧輿服志》李賢注、《御覽》卷537引亦作崔駰。

（1）伊漢中興三葉，於皇維烈，允迪厥倫

按：迪，讀為蹈。孔傳：「迪，蹈也。」《廣雅》同。王念孫曰：「迪、蹈古同聲。」〔註539〕

（2）纘王命，嗣漢興

錢熙祚曰：「興」字不合韻，當依《初學記》作「勳」。

按：嗣，宋九卷本、廿一卷本、明本、龍谿本、四庫本作「胤」，《初學記》引同。

（3）矩坤度以範物，規乾則以陶鈞

按：範，讀為范。《說文》：「笵，法也。」指模具，字亦作范，又省作犯。

（4）開太微，敞禁庭，延儒林以諮詢岱岳之事

按：敞，各本同，《類聚》引亦同；獨宋九卷本作「於」，《初學記》引同，以「開太微於禁庭」六字作一句讀，非是。儒林，各本同，《類聚》引亦同，《初學記》引誤作「儒材」。延，延請，引進。《爾雅》：「延，進也。」

（5）乃命太僕，馴六轡，閑路馬，戒師徒

章樵注：轡，一本作「騄」。

按：馴六轡，《類聚》引作「訓六騄」，《初學記》引作「馴六騄」，與一本合。路，路車。《漢書‧石奮傳》：「見路馬必軾焉。」顏師古曰：「路馬，天子路車之馬。」

（6）於是乘輿登天靈之威路

按：路，各本同，《類聚》、《後漢書》李賢注引亦同，獨宋九卷本作「駱」，

〔註539〕 王念孫《廣雅疏證》，收入徐復主編《廣雅詁林》，第417頁。

《書鈔》卷 16、《初學記》、《御覽》、《玉海》卷 60 引作「輅」，《玉海》卷 78 引《後漢志》注亦作「輅」。「路」同「輅」，指天子所乘之車。作「駱」誤。

（7）駕太一之象車

按：伏俊璉曰：「象車，象牙所飾之車。屈原《離騷》：『為余駕飛龍兮，雜瑤象以為車。』朱熹云：『雜用象玉，以飾其車也。』」也稱作「象輿」，《楚辭·惜誓》：「駕太一之象輿。」即此文所本。《史記·司馬相如列傳》《上林賦》：「乘鏤象，六玉虯。」《集解》：「徐廣曰：『以玉為飾。』駰案：郭璞曰：『鏤象山所出輿，言有雕鏤。虯，龍屬也。《韓子》曰「黃帝駕象車，六交龍」是也。』」《文選·上林賦》李善注：「張揖曰：『鏤象，象路也，以象牙疏鏤其重較。六玉虯，謂駕六馬，以玉飾其鑣勒，有似虯龍也。無角曰虯也。』郭璞曰：『《韓子》曰：黃帝駕象車，六蛟龍。』」所引《韓子》見《十過篇》。則「象車」即是雕鏤象牙之車。《文選·赭白馬賦》：「故能代驂象輿，歷配鈞陳。」李善注引張揖曰：「德流則山出象車，山之精瑞也。」《上林賦》又曰：「青虯蚴蟉於東箱，象輿婉蟬於西清。」《史記集解》引《漢書音義》曰：「山出象輿，瑞應車也。」此與郭璞說「鏤象山所出輿，言有雕鏤」合，又一說也，指鏤象山所出之車，然亦取義於雕鏤象牙。

（8）建掃霓之旌旄

錢熙祚曰：《初學記》「掃」作「翠」。此下又有「三軍霆激，羽騎火列。天動雷震，隱隱轔轔」四句，章氏失于採錄。

按：宋刊《初學記》「火列」作「火烈」。霓，宋刊《類聚》、《玉海》卷 60 引同，四庫本《類聚》誤作「電」。《書鈔》卷 120 引楊修《許昌宮賦》：「建日月之太常，雜紅霓之旌旄。」

（9）哀胡耇之元老，聘東作之上游，賞孝行之畯農

錢熙祚曰：《御覽》「聘」作「躬」，「游」作「務」。此下又有「始八正於南行」一句。

按：景宋本《御覽》引作「始八政於南行」。「聘」、「游」二字，宋廿一卷本、明本、龍谿本、墨海本、四庫本同，宋九卷本作「聘」、「務」，宋刊《初學記》引同（古香齋本未引此句）。《漢魏六朝百三家集》卷 12、《東漢文紀》

卷 10 同《御覽》，是也。

蔡邕《東巡頌》校補

《類聚》卷 39、《初學記》卷 13、《御覽》卷 537、《玉海》卷 79 引此文。

（1）是以神明屢應，休徵乃降

錢熙祚曰：此下《御覽》有「事大而瑞盛，誠非一小臣所在頌述」二句。按「在」字誤。

按：景宋本《御覽》引「在」作「任」，是也，《全後漢文》卷 26 所錄不誤；錢氏所據乃俗本（嘉慶仿宋刻本、四庫本、美國國會圖書館藏本《御覽》都誤作「在」），而又不知其正字。神明，《類聚》、《初學記》引作「明神」。乃，《初學記》引同，《類聚》引作「仍」。作「仍」是。仍，重也，與「屢」對舉。

（2）翿六龍，較五路

按：路，《類聚》、《初學記》、《玉海》引作「輅」。較，讀為絞，絞急，絞緊。《史記·田敬仲完世家》：「大車不較，不能載其常任；琴瑟不較，不能成其五音。」《索隱》：「較者，校量也。」中井積德曰：「較，比也，是調勻之義。兩輪一大一小，不可謂較。」〔註 540〕朱駿聲曰：「較，叚借為絞。」〔註 541〕諸說皆誤。《韓詩外傳》卷 9：「堂衣若曰：『子何年少言之絞？』子貢曰：『大車不絞，則不成其任；琴瑟不絞，則不成其音。子之言絞，是以絞之也。』」用於較車，則是加固義。

蔡邕《南巡頌》校補

《類聚》卷 39、《初學記》卷 13、《御覽》卷 537 引此文。

（1）既禘祖於西郊，又將祫於南庭

按：郊，《類聚》、《初學記》（凡二引）引作「都」，《東漢文紀》卷 10、《漢魏六朝百三家集》卷 11、18 同。

〔註 540〕 轉引自瀧川資言《史記會注考證》卷 46，上海古籍出版社 1986 年版，第 1131 頁。

〔註 541〕 朱駿聲《說文通訓定聲》，武漢市古籍書店 1983 年版，第 301 頁。

（2）是時聖上運天官之法駕

　　按：運，《初學記》（凡二引）、宋刊《類聚》、《御覽》引同，四庫本《類聚》引誤作「連」。

（3）建日月之斿旌

　　錢熙祚曰：建日月之斿旌，《類聚》作『憑列宿而贊元』，《御覽》同。

　　按：錢校稍疏，《御覽》引「憑」作「馮」。建日月之斿旌，《初學記》凡二引，一引同此，一引「斿」作「旗」。《書鈔》卷16引《孫綽子》：「建日月之旗。」

蔡邕《九惟文一首》校補

《類聚》卷35引此文。

（1）六極之厄，獨我斯勤

　　章樵注：《洪範》六極，四曰貧。

　　按：我，《類聚》引作「遭」，《東漢文紀》卷23、《漢魏六朝百三家集》卷19同。厄，各本同，獨明本誤作「危」。斯，如此，這樣。勤，勞苦，字亦作懃、廑。

（2）居處浮瀏，無以自任

　　錢熙祚曰：九卷本「自」下空一格。此「任」字蓋章氏以意補，費解，並不合韻。

　　按：瀏，各本同，《類聚》引亦同，獨四庫本作「漂」。任，各本同，宋刊《類聚》引作「在」（明刊本同），四庫本《類聚》作「存」，《漢魏六朝百三家集》卷19、《全後漢文》卷69亦作「存」。此字當作「存」，合韻。「存」形誤作「在」，又誤作「任」。

（3）冬日栗栗，上下同雲

　　按：栗栗，讀作「凓凓」，寒冷貌。《說文》：「凓，寒也。」字亦作「慄慄」，《類聚》卷3南朝宋鮑照《秋日詩》：「悽悽簟上寒，慄慄帳裏清。」音轉亦作「栗烈」、「颲颲」、「栗冽」、「凓冽」，《詩‧七月》：「一之日觱發，二之日栗烈。無衣無褐，何以卒歲？」乃此文所本，是「栗栗」即「栗烈」轉語。毛傳：「栗烈，寒氣也。」《釋文》：「『栗烈』並如字，《說文》作『颲颲』。」

《文選‧古詩十九首》李善注、《歲華紀麗》卷2引《詩》作「栗冽」。蔣斧印本《唐韻殘卷》:「溧,溧冽,寒皃。」「雲」字《類聚》引同。此句言冬日天空上下的雲色相同。

（4）無餉不飽，永離懽欣

按:餉,各本同;《類聚》引作「食」,《東漢文紀》卷23、《漢魏六朝百三家集》卷19同。不,各本同,獨四庫本誤作「而」。《廣雅》:「餉,食也。」《吳越春秋‧王僚使公子光傳》:「吾見子有飢色,為子取餉。」字亦作餉,《淮南子‧覽冥篇》:「軵車奉饟。」高誘注:「饟,資糧也。」

《申鑒》校補

《申鑒》五卷，後漢荀悅（公元 148～209）撰，又稱作《小荀子》。孫啟治《申鑒注校補》以《四部叢刊》所收文始堂黃省曾注本作底本〔註 1〕，參考盧文弨《申鑒校正》、錢培名《申鑒札記》、孫詒讓《申鑒札迻》、徐仁甫《申鑒辨正》〔註 2〕。本篇為之訂補焉。

《政體》第一校補

（1）篤序無彊，謂之申鑒

孫啟治校：《治要》「序」作「厚」。程本、四庫本、《治要》「彊」作「疆」。按彊借為疆。無彊，猶言無止、不已。篤謂誠信。序同敘，述也。誠實申述之無止，故謂之「申鑒」。（P2）

按：「序」是「厚」形譌。篤亦厚也。《呂氏春秋・孝行》「此五者，代進而厚用之」，王引之曰：「『厚』當作『序』，隸書形近而譌也。」〔註 3〕《史記・商君列傳》：「序有功，尊有德。」敦煌寫卷 P.5523《春秋後語》「序」作「厚」。《家語・五刑解》：「相陵者，生於長幼無序。」敦煌寫卷 S.1891《家

〔註 1〕 孫啟治《申鑒注校補》，中華書局 2012 年版。
〔註 2〕 盧文弨《申鑒校正》，收入《群書拾補》，《續修四庫全書》第 1149 冊，上海古籍出版社 2002 年版，第 432～433 頁。錢培名《申鑒札記》，收入《叢書集成新編》第 19 冊，新文豐出版公司 1985 年版，第 94 頁。孫詒讓《札迻》卷 10《申鑒》，中華書局 1989 年版，第 339～340 頁。徐仁甫《申鑒辨正》，收入《諸子辨正》，中華書局 2014 年版，第 601～604 頁。
〔註 3〕 王引之說轉引自王念孫《呂氏春秋雜志》，收入《讀書雜志》卷 16《餘編》上，中國書店 1985 年版，本卷第 39 頁。

語》「序」作「厚」。皆其相譌之例。

（2）興農桑以養其生

按：興，《後漢紀》卷29作「修」。

（3）小人之情，緩則驕，驕則恣，恣則急，急則怨，怨則畔

按：《治要》卷46引作「緩則驕，驕則恣，急則叛」，《後漢紀》卷29引作「緩則驕，驕則怠，怠則怨，怨則叛」，《後漢書·荀悅傳》引作「緩則驕，驕則恣，恣則怨，怨則叛」。「怠」為「急」形譌。各書並有脫文，本當作「緩則驕，驕則恣，恣則怠，怠則怨，怨則叛」，所謂頂針句也。《呂氏春秋·適威》：「驕則恣，恣則極物，罷則怨，怨則極慮。」〔註4〕《韓詩外傳》卷10：「驕則恣，恣則極。」此荀悅所本。「急」即「極」音轉。孫啟治謂當作「緩則驕，驕則恣；急則怨，怨則畔」，「緩」、「急」對比言之，「急」亦「危」也，非是。

（4）無為為之，使自施之；無事事之，使自交之

孫啟治校：黃注：「《老子》曰：『為無為，事無事。』」錢校：「《治要》『交』作『憂』。」按作「憂」亦通。「憂」通「優」，饒也。《老子》57章所謂「我無事而民自富」是也。謂使民自行施為、交往。（P23）

按：《後漢書·荀悅傳》、《通志》卷111作「交」，李賢注：「《老子》曰：『為無為，事無事。』又曰：『故德交歸也。』」此黃注所本。《後漢紀》卷29作「安」。周天游引《老子》「我無為，人自化；我無事，人自富」以解「安」字〔註5〕，此孫說所本，皆非是。「安」、「憂」皆是「交」形譌。《淮南子·原道篇》：「無為為之而合於道，無為言之而通乎德。」《文子·道原》：「無為為之而合乎生死，無為言之而通乎德。」《道德指歸論》卷9：「無為為之，萬物興矣；無事事之，萬物遂矣。」並可相證。交，通也，遂亦通達之誼。使自交之，言使民自通於德也。

（5）不肅而成，不嚴而治

孫啟治校：錢校：「原作『不肅而治』一句，脫去中間四字，今據《治要》

〔註4〕《文子·道德》同，《淮南子·道應篇》「驕」作「憍」。
〔註5〕周天游《後漢紀校注》，天津古籍出版社1987年版，第827頁。

補，與本《傳》合。本《傳》『治』作『化』。」按錢補是，今從之。（P23）

　　按：《孝經‧三才章》：「其教不肅而成，其政不嚴而治。」又《聖治章》：「聖人之教不肅而成，其政不嚴而治。」《史記‧萬石張叔列傳》：「是以其教不肅而成，不嚴而治。」

（6）惟察九風，以定國常

　　孫啟治校：錢校：「《治要》『察』作『審』。」（P27）

　　按：《長短經‧理亂》：「夫明察六主以觀君德，審惟九風以定國常。」是唐人所見，固作「審」字。

（7）無事惟職是司

　　孫啟治校：無事，言無事他事。（P27）

　　按：《長短經‧理亂》引作「唯職是司」，無「無事」二字，當據刪。《治要》卷 46 引已衍此二字。

（8）位職不重

　　孫啟治校：錢校：「《治要》『位職』倒。」（P28）

　　按：《長短經‧理亂》引亦作「職位」。

（9）小臣讒嫉

　　孫啟治校：錢校：「《治要》作『小臣咨度』。」（P28）

　　按：《長短經‧理亂》引作「讒疾」，「疾」為「嫉」省，《治要》卷 46 引「疾」形誤作「度」，因又改「讒」作「咨」。《廣雅》：「讒、嫉、殺，賊也。」「讒嫉」二字同義連文。

（10）君臣爭明

　　孫啟治校：爭明，猶言爭智。（P28）

　　按：君臣如同日月，爭明指臣下擅權，亦稱作「爭光」，孫氏未達厥誼。《意林》卷 5 引作「爭盟」，亦誤。《公孫龍子‧通變論》：「暴則君臣爭而兩明也。兩明者昏不明，非正舉也。政之所以暴亂者，君臣爭明也。君臣爭明則上下昏亂，政令不明，不能正其所舉也。」《唐開元占經》卷 6 引京氏曰：「《氣占》云：『日月並俱出，君臣爭明。』」又引《荊州占》：「日月並見，是謂爭光。」《晉書‧天文志》：「月晝明，姦邪竝作，君臣爭明。」

（11）上多欲，下多端，法不定，政多門，此亂國之風也

　　孫啟治校：上多欲，故法不定；下多端，故政多門。（P29）

　　按：孫氏說誤。上多欲，故下多端；法不定，故政多門。《文子・精誠》：「上多欲，即下多詐；上煩擾，即下不定。」《淮南子・主術篇》「欲」作「故」。是其比。

（12）遵禮謂之劬，守法謂之固

　　孫啟治校：黃注：「以遵禮者為勞苦，以守法者為執滯。」（P29）

　　按：劬，《治要》卷46引同，《長短經・理亂》引作「拘」。「拘」字是。黃氏據誤字為解。

（13）以苛為密，以利為公

　　孫啟治校：《治要》「密」作「察」。密，審也。密謂審密、周密。（P29）

　　按：密，《長短經・理亂》引亦作「察」。「以苛為察」是先秦二漢人習語，《漢書・景帝紀》、《後漢書・章帝紀》並有「以苛為察，以刻為明」語。《淮南子・道應篇》：「其為政也，以苛為察，以切為明，以刻下為忠，以計多為功。」〔註6〕《新序・雜事一》：「以苛為察，以欺為明，以刻為忠，以計多為善，以聚斂為良。」〔註7〕徐仁甫疑「利」為「私」之誤，非是。

（14）以割下為能，以附上為忠

　　孫啟治校：割，剝也。（P29）

　　按：《治要》卷46、《長短經・理亂》引同，《意林》卷5引二「為」作「作」，省下「以」字。割、刻一聲之轉。徐仁甫曰：「割，古通『害』。」《漢語大字典》引此例解云：「割，災害。」〔註8〕均非是。

（15）上下相疏，內外相蒙

　　孫啟治校：錢校：「《治要》『蒙』作『疑』。」（P29）

　　按：蒙，《長短經・理亂》引亦作「疑」。

（16）上不訪，下不諫

〔註6〕《文子・上禮》同。
〔註7〕《子華子・晏子》同。
〔註8〕《漢語大字典》（第二版），崇文書局、四川辭書出版社2010年版，第384頁。

孫啟治校：錢校：「《治要》作『上不訪下，下不諫上』，優。」（P30）

按：《長短經・理亂》引同《治要》，《意林》卷 5 引同今本。

（17）婦言用，私政行

孫啟治校：《意林》卷 5「私」作「內」，義同，並指後宮。（P30）

按：《治要》卷 46、《長短經・理亂》引同今本。

（18）死者不可以生，刑者不可以復

孫啟治校：黃注：「漢文帝十三年，齊大倉令淳于公有罪，當刑，其少女緹縈上書，謂死者不可復生，刑者不可復屬，雖欲改過自新，其道無繇也。」（P31）

按：黃氏所引見《史記・孝文本紀》，《漢書・刑法志》、《列女傳》卷 6 同，《史記・扁鵲傳》作「死者不可復生，而刑者不可復續」。《漢書・路溫舒傳》：「死者不可復生，繼（絕）者不可復屬。」此文上句「生」上脫「復」字，下句「復」下脫「屬」或「續」字。續、屬，猶言連接。《漢書・宣帝紀》：「死者不可生，刑者不可息。」顏師古曰：「息謂生長也。」《御覽》卷 649 引「生」、「息」上皆有「復」字。其誼亦同。

（19）棘槐以斷之

按：黃注引《周禮》「九棘」、「三槐」是也。《初學記》卷 20 引《春秋元命苞》：「樹棘槐，聽訟於下。棘，赤心有刺，言治人者，原其心不失其實，所以刺人情，令各歸實。槐之言歸也，情見歸實也。」〔註9〕此其名義也。

（20）凡先王之攸赦，必是族也。非是族，焉刑茲無赦

孫啟治校：焉，猶乃也。（P34）

按：「焉」字當屬上句，孫氏說誤。《書・康誥》：「文王作罰，刑茲無赦。」

（21）故足寒傷心，民寒傷國

孫啟治校：錢校：「《治要》下『寒』作『憂』。」（P38）

按：《書鈔》卷 27 引《太公六韜》：「民怨者傷國。」《黃石公素書・安禮章》：「足寒傷心，人怨傷國。」敦煌寫卷 S.1380《應機抄》引《傅子》：「足寒

〔註9〕《御覽》卷 639 引同。

傷心，民怨傷國。」〔註10〕《劉子·愛民》：「夫足寒傷心，民勞傷國；足溫而心平，人佚而國寧。」

（22）投百金於前，白刃加其身，雖巨跖弗敢掇也

按：《韓子·六反》：「懸百金於市，雖大盜不取也。」又《守道》：「寄千金于羿之矢，則伯夷不得亡，而盜跖不敢取。」又《五蠹》：「布帛尋常，庸人不釋；鑠金百溢，盜跖不掇。」《史記·李斯傳》、《論衡·非韓》引《韓子》「掇」作「搏」，《索隱》：「搏，猶攫也，取也。」《淮南子·說林篇》：「兕虎在於後，隨侯之珠在於前，弗及掇者，先避患而後就利。」諸文並可參證。

（23）孺子驅雞者，急則驚，緩則滯

按：「緩則滯」下，《御覽》卷 918 引有「馴而安之，然入門」七字，《事類賦注》卷 18、《困學紀聞》卷 20 引有「馴則安」三字。今本有脫字。

（24）嘉守節而輕狹陋，疾威福而尊權右，賤求欲而崇克濟，貴求己而榮華譽

孫啟治校：華譽，虛譽也。《列子·周穆王》：「榮汝之糧。」張湛注：「榮，棄也。」（P52）

按：孫氏榮訓棄，非是。榮華譽，言以虛譽為榮。

《時事》第二校補

（1）桀紂不易民而亂，湯武不易民而治，政也

按：《書鈔》卷 27 引作「堯舜不易民而治正，桀紂不易民而治亂」。

（2）不求無益之物，不蓄難得之貨，節華麗之飾，退利進之路，則民俗清矣

按：蓄，《治要》卷 46 引作「畜」，餘同今本。《漢紀》卷 10 引作「不求無益之物，不畜難得之貨，絕靡麗之飾，遏利欲之巧，則淫流之民定矣，而貪穢之俗清矣」。

（3）簡小忌，去淫祀，絕奇怪，則妖偽息矣；致精誠，求諸己，正大事，則神明應矣

〔註10〕《通鑑》卷 283 引諺同。

按:《漢紀》卷 10 引作「尊天地而不瀆,敬鬼神而遠之,除小忌,去淫祀,絕奇怪,正人事,則妖偽之言塞而性命之理得矣」。《釋名》:「息,塞也。」今本「大事」當作「人事」。

（4）放邪說,去淫智,抑百家,崇聖典,則道義定矣

按:去,《治要》卷 46 引作「絕」,餘同今本。《漢紀》卷 10 引作「息華文,去浮辭,禁偽辨,絕淫智,放百家之紛亂,一聖人之至道,則虛誕之術絕而道德有所定矣。」

（5）絕末伎,同本務

孫啟治校:錢校:「《治要》『同』作『周』。」字作「同」義長。「同」有「統」義。（P58）

按:孫說非是。「同」、「周」皆「用」字形訛。《漢紀》卷 10 引荀悅語云:「奉業勸功以用本務。」

（6）教初必簡,刑始必略,事漸也

孫啟治校:事,為也。「事」為動字,「事漸」謂漸為之。（P71）

按:孫說非是。此言教、刑之事,必由簡略漸進。

（7）今開難令以絕便事,禁民所樂,不茂矣

孫啟治校:不茂,謂事不能興。（P84）

按:「茂」疑「成」形譌。

（8）聖王先成民而後致力於神

孫啟治校:黃注:「《東觀書》詔:『傳曰:聖王先成民而後致力於神。』」（P85）

按:此語出於《左傳·桓公六年》。

（9）語有之曰:「有鳥將來,張羅待之。」得鳥者,一目也。今為一目之羅,無時得鳥矣

孫啟治校:張網待鳥,得鳥者僅網之一目。然如張一目之網,則無得鳥之時。（P101）

按:「得鳥者」云云亦係引文。孫氏誤標句讀,且未解「無時」之誼。《淮

南子·說山篇》：「有鳥將來，張羅而待之。得鳥者，羅之一目也。今為一目之羅，則無時得鳥矣。」《文子·上德》同。無時，猶言無由、不可以、不能。《意林》卷1引《文子》「無時」作「不可」，《文選·鸚鵡賦》李善注引作「無以」，義皆相合。《御覽》卷914引《文子》作「無得鳥時」，則非是。《鶡冠子·世兵》：「一目之羅，不可以得雀；籠中之鳥，空窺不出。」《淮南子·說林篇》：「一目之羅，不可以得鳥；無餌之釣，不可以得魚。」《長短經·用無用》：「古人有言曰：『得鳥者羅之一目，然張一目之羅，終不能得鳥矣。』」

（10）古者天子諸侯有事，必告于廟。朝有二史，左史記言，右史記動

孫啟治校：《治要》無「朝」字。（P106）

按：朝，《後漢書·荀悅傳》同，《玉海》卷48引亦同；《後漢紀》卷29、《記纂淵海》卷75、《職官分紀》卷15引作「廟」。「廟」涉上而誤。《書鈔》卷55引亦脫「朝」字。

（11）善人勸焉，淫人懼焉

孫啟治校：《御覽》卷235引「淫」作「悖」。淫，邪也。（P107）

按：「善人勸焉，淫人懼焉」語出《左傳·昭公三十一年》，《後漢書·荀悅傳》、《後漢紀》卷29、《治要》卷46引亦作「淫」，李賢注：「淫，過也。」《書鈔》卷55引亦作「悖」，皆係妄改。

《俗嫌》第三校補

（1）非其禮則或愆，非其請則不應

孫啟治校：「或」通「惑」。或愆，猶言迷誤。（P118）

按：「或」與「不」對舉，不當讀為惑。或，猶有也。

（2）力稱烏獲，捷言羌亥，勇期賁育，聖云仲尼，壽稱彭祖，物有俊傑，不可誣也

孫啟治校：黃注：「羌亥，疑『豎亥』之誤。」盧校：「『羌』古與『慶』同音，此謂慶忌也。亥，謂章、亥。」按慶忌以勇聞，不以捷足名……黃校近是。豎亥，善行人。（P123）

按：章太炎曰：「『羌亥』即『慶忌』也。古語助慶、羌通用……《易》『荄茲』作『箕子』，《詩》『彼其之子』作『彼己之子』，是亥、其、己聲三

通，故知『羌亥』即『慶忌』。《東方朔傳》朔上書亦云『勇若孟賁，捷若慶忌』，是其證也。明黃勉之謂『羌亥』當作『豎亥』，非也。」〔註11〕吳承仕曰：「『羌亥』即『慶忌』之異文，皆同音通假字也。《易》『箕子之明夷。』趙賓以為『荄茲』。荄、箕、忌古音同在之部，聲紐亦近，故得相假。司馬相如《上書諫獵》曰：『力稱烏獲，捷言慶忌』即為此文所本。若禹使大章豎亥，推步四極，此為測量地望者，非多力人，向亦不與烏獲、賁育並稱。」〔註12〕趙帆聲曰：「羌亥，當為『慶忌』。『慶忌』所以假作『羌亥』者，音近。」〔註13〕小疋（蔡偉）亦指出「羌亥」是「慶忌」音變。施謝捷指出漢印人名「羌忌」即「慶忌」，此文「羌亥」為「慶忌」異寫。三君皆舉《史記·司馬相如傳》《上書諫獵》為證。施氏又舉證如下：《老子》王弼本「獨立不改」，郭店楚墓竹簡《老子》甲本簡29「改」作「亥」，馬王堆漢墓帛書《老子》乙本作「玹」。《爾雅》「無草木峐」，《釋文》：「峐，《三蒼》、《字林》、《聲類》並云猶屺字。」《說文》、《釋名》「峐」作「屺」。是「亥」、「忌」相通之例〔註14〕。諸說皆得之。《漢書》、《漢紀》卷10、《文選》同《史記》，顏師古注：「慶忌，吳王僚子也，射能捷矢也。」李善注引《呂氏春秋》：「吳王欲殺王子慶忌，謂要離曰：『吾嘗以〔六〕馬逐之江上而不能及。』」《呂氏》見《忠廉篇》，李氏引脫「六」字。《文選·吳都賦》：「捷若慶忌，勇若專諸。」亦其證也。

（3）至於以肩息而氣舒

孫啟治校：黃注：「《莊子》曰：『真人之息也以踵，眾人之息以喉。』」「以肩息」未詳。注引《莊子》見《大宗師》。「以肩息」蓋謂其息淺，氣息至於肩則舒散，不能深聚。（P132）

按：黃、孫二氏皆未得其誼。「肩息」是古醫家術語，謂大聲呼吸，氣急不安，以致搖動肩部。《金匱要略·臟腑經絡先後病脈證》：「師曰：『息搖肩者，心中堅；息引胸中上氣者，欬；息張口短氣者，肺痿唾沫。』」《靈樞經·

〔註11〕 章太炎《膏蘭室札記》卷2，收入《章太炎全集（1）》，上海人民出版社1982年版，第162～163頁。

〔註12〕 吳承仕《綿齋讀書記·校〈申鑒〉兩條》，《國學叢刊》第2卷第1期，1933年版，第34頁。

〔註13〕 趙帆聲《古史音釋》，河南大學出版社1995年版，第319～320頁。

〔註14〕 小疋《釋「羌亥」》，施謝捷《〈漢印文字徵〉及其〈補遺〉校讀記》，並見復旦大學古文字網站2008年8月31日。

本藏》：「肺高則上氣肩息欬。」張介賓注：「肩息咳，聳肩喘息而欬也。」

（4）或問黃白之儔

孫啟治校：「儔」、「鑄」同聲相通。（P136）

按：儔，類也。

（5）歊犬羊之肉以造馬牛，不幾矣

孫啟治校：錢校：「歊，盧學士本作『歊』，云：『疑「穀」字。』恐非。」歊，「歊」之俗字。《說文》：「歊，歊歊，氣出貌。」按「歊」謂熱氣上蒸貌，此作動字用，蓋謂烹煮。今烹煮犬羊之肉，欲作成馬牛之肉，亦無望矣。（P137）

按：盧文弨曰：「『歊』字無考，疑是『穀』字之誤。」〔註15〕孫氏失檢。「歊」無烹煮義，且解為烹煮亦不通，孫說非是。《喻林》卷120引「歊」作「歊」。疑「歊」是「敲」形譌，讀為剔，解骨也。字或作劵，《玉篇》、《廣韻》並謂「劵」同「剔」。又省作狄，《方言》卷12：「刐，狄也。」此言剔下犬羊之肉以造作馬牛也。

《雜言上》第四校補

（1）悠悠之民，泄泄之士，明明之治，汶汶之亂，皆學廢興之由，敦之不亦宜乎

孫啟治校：黃注：「《詩·板》曰：『天之方蹶，無然泄泄。』」按「泄泄」毛傳訓「杳杳（引者按：當是「沓沓」筆誤）」，即「諜諜」，多言貌。《說文》字作「呭」，云：「呭，多言也。《詩》曰：『無然呭呭。』」然此義與本文不合。本文上以「悠悠」與「泄泄」並舉，下以「明明」與「汶汶」並舉，義皆相對。悠，憂也。洩洩，樂貌。「泄泄」即「洩洩」也。《史記·屈原傳》《索隱》：「汶汶音門門，猶昏暗不明也。」（P140）

按：孫氏解「悠悠」、「泄泄」非是。《論語·微子》：「滔滔者天下皆是也。」鄭本作「悠悠」，《史記·孔子世家》、《鹽鐵論·大論》、《中說·王道》引亦作「悠悠」，《漢書·敘傳》顏師古注引作「悁悁」。「悠悠」亦作「攸攸」，音轉作「滔滔」、「悁悁」，眾多貌。梁·沈約《高士贊》：「悠悠之徒，莫不攘袂而

〔註15〕盧文弨《申鑒校正》，《群書拾補》，收入《續修四庫全書》第1149冊，上海古籍出版社2002年版，第433頁。

議進取，怒目而爭權利。」義亦同。「泄泄」當從毛傳訓「沓沓」。「悠悠之民，泄泄之士」謂士民眾多口雜。「汶汶」即「昏昏」音轉。

（2）君子有三鑒，鑒乎前，鑒乎人，鑒乎鏡

孫啟治校：原無「鑒乎前」等九字，《治要》有。《御覽》卷 717 引「人」作「下」。按下文「前惟順，人惟賢，鏡惟明」即承此三句言之，今據《治要》補。（P141）

按：孫氏所補是也，《意林》卷 5 引同《治要》。《書鈔》卷 136 引作「君子有三鑑，鑑乎古，鑑乎人，鑑乎鏡」，亦合。

（3）夫膏肓近心而處阨，鍼之不逮，藥之不中，攻之不可，二豎藏焉，是謂篤患

孫啟治校：「逮」原作「遠」。黃注：「『遠』當作『達』。晉侯疾病，求醫于秦，秦伯使醫緩為之……醫至曰：『疾不可為也，在肓之上，膏之下，攻之不可，達之不及，藥不至焉，不可為也。』」按《治要》作「逮」，錢校據改，今從之。（P148）

按：黃氏所據為《左傳·成公十年》，《類聚》卷 75 引作「攻之不可達，針之不及」，《白氏六帖事類集》卷 9 引作「攻之不可達，針之不可及」〔註16〕。今本《左傳》脫「針」字，「達」字當上屬為句。《世說新語·文學》劉孝標注引作「攻之不可達，刺之不可及」，「刺」即「針」，亦其證。《御覽》卷 721、738 引已脫。林堯叟《左傳》注：「達，針也。」非是。黃氏改「遠」作「達」，甚是，形近致譌，《治要》作「逮」，則以意改之。

（4）夫岐路惡足悲哉？中反焉，若夫縣度之厄素，舉足而已矣

孫啟治校：黃注：「《西域傳》：『烏秘（秅）國西有縣度。縣度者，石山也。谿谷不通，以繩索相引而度去。』」「厄素」未詳，疑當作「危索」。（P151～152）

按：《喻林》卷 80 引作「厄索」，是也。「厄」同「阨（阸）」。阨索，謂險道上的繩索。《漢書·西域傳》：「今縣度之阨，非罽賓所能越也。」又「且通西域，近有龍堆，遠則蔥嶺、身熱、頭痛、縣度之阨。」

〔註16〕《白孔六帖》在卷 32。

（5）趙獲二城，臨饋而憂

孫啟治校：二句未知所指。黃於下文所舉諸事皆施注，唯此二句無注，蓋亦未詳其事。（P152）

按：此非僻典。獲二城，指攻取二城。《國語・晉語九》：「趙襄子使新稺穆子伐翟，勝左人、中人，遽人來告，襄子將食，尋飯，有恐色，侍者曰：『狗之事大矣，而主色不怡，何也？』」韋昭注：「左人、中人，翟二邑也。」《呂氏春秋・慎大》：「趙襄子攻翟，勝老（左）人、中人，使使者來謁之，襄子方食，摶飯，有憂色。左右曰：『一朝而兩城下，此人之所以喜也，今君有憂色何？』」《列子・說符》亦作「左人、中人」，張湛注：「左人、中人，鮮虞二邑名。」《淮南子・道應篇》作「尤（左）人、終人」，高誘注：「尤人、終人，翟之二邑。」考《後漢書・郡國志》：「新市有鮮虞亭……唐有中人亭，有左人鄉。」則「老」、「尤」是「左」形譌。「中」、「終」音通。《御覽》卷322、849引《呂氏春秋》正作「左人」。劉娜曰：「趙獲，嬴姓，趙氏，名獲，趙武的兒子。《左傳・昭公三年》云云。」〔註17〕尤為妄說。

（6）下不鉗口，上不塞耳，則可有聞矣

按：則可有聞矣，《意林》卷5引作「則有所聞矣」。

《雜言下》第五校補

（1）衣裳，服者不昧於塵塗，愛也

孫啟治校：黃注：「昧，污闇。塗，泥也。」（P182）

按：昧，《喻林》卷9引誤作「坐」。昧，讀為黴。《廣雅》：「黴，黑也。」又「黴，敗也。」字亦作黱，《集韻》：「黱，淺黑也。」

（2）好以取怠，惡以取甚

孫啟治校：「好」當作「寵」，此乃承上文「好寵者乘天命以驕，好惡者違天命以濫」言之。「怠」、「殆」同聲相通，危也。「甚」、「湛」同聲相通，沒也。（P197～198）

按：孫氏校「好」作「寵」，是也；而讀怠為殆則非是。「怠」訓怠慢，與「驕」字相應。《管子・重令》：「人心之變有餘則驕，驕則緩怠。」

〔註17〕劉娜《申鑒校注》，遼寧師範大學2013年碩士學位論文，第65頁。

（3）或曰：「恥者，其志者乎？」曰：「未也。夫志者，自然由人，何恥
之有？」

孫啟治校：「志」指情言。謂情乃由人之自然者，情何自生羞恥耶？
（P217）

按：二「志」，當是「至」音誤。人，讀為仁。《傅子·仁論篇》正作「至」、
「仁」。

（4）想伯夷於首陽，省四皓於商山，而知夫穢志者之足恥也

按：想，當據《傅子·仁論篇》作「相」，亦觀省之義也。

（5）推斯類也，無所不至矣

按：推，《傅子·仁論篇》作「析」。

（6）得其概，苟無邪，斯可矣

按：得，《傅子·仁論篇》作「漸」。

（7）君子四省其身，怒不亂德，喜不義也

孫啟治校：黃注：「（『喜不』下）缺一字。」《論語·學而》：「吾日三省吾
身。」此易「三」為「四」，當用再三再四之義。又按《永樂大典》載《傅子·
仁論篇》，採入《申鑒》此節，文作「君子內省其身，怒不亂德，善不亂義也」。
「四」作「內」義長。「善」為「喜」之形訛。今本「喜不」下當脫一「亂」
字。（P220）

按：「四」為「內」形譌。盧文弨曰：「『四』字疑當作『日』。」〔註18〕亦
非是。

此文與吳鳳英合作，刊於《澳門文獻信息學刊》2016 年第 3 期，第 10
～20 頁。此為修訂稿。

〔註18〕 盧文弨《申鑒校正》，收入《群書拾補》，《續修四庫全書》第 1149 冊，上海古
籍出版社 2002 年版，第 433 頁。

《政論》校補

後漢崔寔《政論》北宋已佚，清人嚴可均《全後漢文》卷 46 據《後漢書·崔寔傳》及《治要》卷 45、《意林》卷 3 所引輯其文。今人孫啟治據嚴輯本作《政論校注》〔註1〕。

本文引用類書版本如下：《古逸叢書》景日鈔本《玉燭寶典》，孔廣陶校刻本《北堂書鈔》（省稱作《書鈔》），古香齋本《初學記》，南宋刻本《藝文類聚》（省稱作《類聚》），道藏本《意林》，南宋刻本《白氏六帖事類集》（省稱作《白帖》），景宋本《太平御覽》（省稱作《御覽》），南宋刻本《事類賦注》，四庫本《記纂淵海》（如據宋殘本則標示宋刊）。

闕題一

本篇嚴氏據《治要》輯。

（1）摧拉捌裂

孫啟治曰：「摧拉」為複語。捌，同「扒」。《集韻》：「扒，破也，或作捌。」（P36）

按：「扒」是俗字。捌，讀作擘，字或作擗，或省作辟，亦裂也。

（2）且濟時救世之術，豈必體堯蹈舜，然後乃治哉

孫啟治曰：體，法也，依也。體、蹈皆效法、依遵之義。（P40）

按：體，讀為履，亦蹈也。言履蹈堯舜之道也。

〔註1〕 孫啟治《政論校注·昌言校注》，中華書局 2012 年版。

（3）勞辱勤瘁，為豎子所議笑，其故獲也

孫啟治曰：勞辱、勤瘁義同。故，同「固」。謂孔、孟不為世所用，困窘勞苦，至為庸人所議而笑之者，乃二人固所當得之遭遇。（P52）

按：天明刊本《治要》作「議」誤，當據日鈔本《治要》作「譏」，形近而訛。「故」讀如字，猶言緣故。「獲」當據日鈔本《治要》作「何」。

（4）固不曲道以媚時，不詭行以邀名

孫啟治曰：詭，違也，音近相通。詭行，違背德行。邀，求也。（P52～53）

按：《意林》作「邀」，《治要》作「徼」。詭，奇異也，與「奇」一聲之轉。

（5）是非倒紛

按：日鈔本《治要》「倒紛」右旁有二點，蓋乙轉符合，當乙作「紛倒」。

闕題二

本篇嚴氏據《後漢書·崔寔傳》輯。

（1）圖王不成，弊猶足霸；圖霸不成，弊將如何

孫啟治曰：嚴注出處云《意林》。見《意林》卷3。敝、蔽、弊同聲通用，終也。「弊」猶今言「結果」。（P57～58）

按：《意林》卷3又引桓譚《新論》：「圖王不成，亦可以伯。」（一本「伯」作「霸」）《御覽》卷77引桓譚《新論》：「儒者或曰：『圖王不成，其弊可以霸。』」《史記·主父偃傳》：「臣聞圖王不成，其敝足以安。」《漢書》同。《後漢書·隗囂傳》：「圖王不成，其弊猶足以霸。」《類聚》卷25、《御覽》卷461引《東觀漢記》同，《後漢紀》卷5「弊」作「敝」，李賢注：「《前書》徐樂曰：『圖王不成，其弊足以霸也。』」《論衡·氣壽》：「語曰：『圖王不成，其弊可以霸。』霸者，王之弊也。」《長短經·君德》：「古語云：『圖王不成，弊猶足霸；圖霸不成，弊將如何？』」敝、弊，當訓惡、劣、敗。

（2）近孝宣皇帝明于君人之道，審于為政之理

按：《類聚》卷52引「理」作「原」。原，本也。

（3）海內蕭清

按：《崔寔傳》作「清蕭」，《類聚》卷52引同。嚴氏誤輯，孫氏承其誤。

（4）以為結繩之約可復理亂秦之緒，干戚之舞足以解平城之圍

　　按：宋刊《類聚》卷 52 引「約」形譌作「初」。《金樓子・雜記》：「夫結繩之約不可治亂秦之緒，干戚之舞不可解聊城之圍。」即用本文。

（5）夫熊經鳥伸，雖延麻之術，非傷寒之理；呼吸吐納，雖度紀之道，非續骨之膏

　　孫啟治曰：本傳「麻」作「歷」。（P67）

　　按：《金樓子・雜記》：「且熊經鳥伸，非謂傷寒之治；呼吸吐納，又非續骨之膏。」即用本文。

（6）蓋為國之道，有似理身，平則致養，疾則攻焉

　　孫啟治曰：《後漢紀》卷 21 作「疾則致攻」，與上句「平則致養」一律。（P68）

　　按：《後漢紀》卷 21 作「疾則攻治」，孫氏失檢。

（7）乃定減笞輕捶

　　孫啟治曰：《刑法志》「捶」作「箠」，義同。（P73）

　　按：《崔寔傳》「定」下有「律」字，嚴輯本誤奪，孫啟治承其誤。捶，《漢紀》卷 9 同，《漢書・刑法志》、《景帝紀》並作「箠」。

闕題三

　　本篇嚴氏據《治要》輯。天明刊本《治要》無題，日鈔本《治要》有小字題曰《制度》。

（1）猶急水之歸下，川之赴壑

　　孫啟治曰：嚴校：「『川』上有脫文。」按《治要》作「猶急水之歸下，下川之赴壑」，重「下」字。嚴氏所據蓋脫一「下」字。下川，下謂自上游趨下，下注之川流也。（P79）

　　按：孫氏所據乃天明刊本《治要》，其天頭有校記云：「舊無『下川』之『下』字，補之。」日鈔本《治要》不重「下」字。「川」上疑脫「逝」字。

（2）禮壞而莫救，法墮而不恒

　　孫啟治曰：不，無也。不恒，猶言無常規、無定準。（P82）

　　按：「恒」當是動詞，疑「揯」省文，或省作「亙」，猶言急引，引申為拯救。

（3）文繡弊於簾幃也

　　孫啟治曰：嚴校：「從《書鈔》卷 132、《御覽》卷 700 補。」弊，《御覽》卷 700 作「蔽」，並通「敝」，破敝。幃，字通作「帷」。（P83）

　　按：簾幃，《書鈔》作「簾帷」，《御覽》作「帷簾」。

（4）今使列肆賣侈功

　　孫啟治曰：《史記・平準書》：「今弘羊令吏坐市列肆，販物求利。」《索隱》：「謂吏坐市肆行列中。」按陳貨鬻賣之所謂之肆，肆處市中有行列，故曰「列肆」。功謂所成之物。侈功，猶今言「奢侈品」。（P84）

　　按：列、肆均陳列義，用作名詞，指陳列貨物的店鋪。單言曰肆，亦曰列。孫所引《平準書》，《漢書・食貨下》作「坐市列」，無「肆」字。「列肆」複語，故可省「肆」字。《漢書・食貨上》：「而商賈大者積貯倍息，小者坐列販賣。」顏師古曰：「列者，若今市中賣物行也。」亦其例。功，讀作工。侈工，謂浪費工時之物。

（5）賈人之列，戶蹈僭踰侈矣

　　按：列亦商肆義。日鈔本《治要》「賈」作重文符號，即上句「不能不買」之「買」字，蓋「賈」形誤。《治要》「僭」作「踰」，嚴氏誤輯，孫氏承其誤。

（6）是以倉廩空而囹圄實

　　孫啟治曰：「囹」同「圄」。（P87）

　　按：《治要》本作「圄」。

（7）此最國家之毒憂

　　孫啟治曰：毒，讀為篤，厚也。毒憂，猶言深憂。（P84）

　　按：毒，猶言痛苦、傷害。

（8）且橘柚之貢，堯舜所不常御

　　孫啟治曰：嚴校：「之貢，《類聚》卷 86、《御覽》卷 966 作『之實』，卷

973 作『之貢』。」按《御覽》卷 966 亦作「之貢」，僅《類聚》作「之實」。
（P95）

按：《白帖》卷 30、《合璧事類備要》別集卷 46 引亦作「之實」，《事類賦注》卷 27 引亦作「之貢」。

（9）是以天戚戚，人汲汲

按：日鈔本《治要》「戚戚」作「慼慼」。

（10）俗之壞敗乃至於斯

按：《治要》「敗壞」作「壞敗」。嚴輯不誤，孫氏誤倒。

闕題四

本篇嚴氏據《治要》輯。天明刊本《治要》無題，日鈔本《治要》有小字題曰《足信》。

（1）苟解面前，不顧先哲

按：日鈔本《治要》「哲」作「誓」，天明刊本誤也。孫氏據誤字說之，謂「先哲」指上文所引《易》及孔子之言。

（2）不自咎責，反復減之

孫啟治曰：減讀為籛，削也。言一再削減其傭錢。（P103）

按：日鈔本《治要》「減」作「減」，天明刊本誤也。

（3）至有車輿、故謁者冠，賣之則莫取，服之則不可

按：《治要》「復」作「服」。嚴氏誤輯，孫氏承其誤，因誤解作「修復」。

（4）因乃補之，劫以威勢

按：《治要》「補」作「捕」。嚴輯不誤，孫氏自誤。

（5）不周於事

孫啟治曰：周，合也。古文事、使同字，「不周於事」即不周於使，謂不合用。（P105～106）

按：「事」讀如字，是名詞，非動詞。《淮南子·氾論篇》：「苟利於民，不必法古；苟周於事，不必循舊。」

（6）苟割脛以肥頭，不知脛弱，亦將顛仆也

　　按：「割脛肥頭」蓋當時諺語。《後漢書·百官志》：「豈有割脛致腹，取骨肉以增頭；劃背露骨，剝膏腴以裨領？」

闕題五

　　本篇嚴氏據《治要》輯。天明刊本《治要》無題，日鈔本《治要》有小字題曰《足兵》。

（1）去戰攻未久

　　按：《書鈔》卷 122 引同，《書鈔》卷 125、《御覽》卷 348 引脫「攻」字。

（2）貪饕之吏競約其財用，狡猾之工復盜竊之

　　孫啟治曰：約，省也。謂貪吏競相挪用、扣減公財，中飽私囊。《御覽》卷 356 引「約」作「納」，則謂私納取公財，亦通。（P111～112）

　　按：「納」是「約」形誤。約其財用，謂偷工減料。

（3）燒鎧鐵焠醢中，令脆易治

　　孫啟治曰：嚴校：「『治』舊作『冶』，從《御覽》卷 356 改。」醢，醋也。（P112）

　　按：日鈔本《治要》「醢」作「醢」，「治」字左旁小字校作「冶」。《御覽》引作「鐵焠醢中」。「醢」是「醢」形誤，「醢」同「醢」，又同「醢」。《禮記·內則》「醢醬實蓼」，《釋文》：「醢，音海，一本作醢，呼兮反。」《玉篇殘卷》「沺（濡）」字條引「醢」作「醢」。《釋名·釋飲食》：「醢多汁者曰醢。」

（4）刀牟悉鈍

　　孫啟治曰：嚴校：「牟，疑當作矛。」按牟、矛古同音，作「矛」是。（P113）

　　按：「牟」是「鍪」省文，俗「矛」字。

闕題六

　　本篇嚴氏據《治要》輯。天明刊本《治要》無題，日鈔本《治要》有小字題曰《用臣》。

（1）圖累久長

孫啟治曰：累，即今「積累」字。（P120）

按：圖累，鈔本《治要》作「昌慮」，刊本《治要》作「圖慮」。嚴氏誤輯，孫氏承其誤。

（2）恐失群臣之和，以墮先王之軌也

按：日鈔本《治要》「群臣」作「群心」。

（3）必欲求利民之術，則宜沛然改法

孫啟治曰：沛然，寬廣之意，泛貌也。（P133）

按：沛然，讀作「勃然」，孛、沛同從宋得聲；音轉亦作「佛然」，興起貌。《荀子・非十二子》：「佛然平世之俗起焉。」楊倞注：「佛，讀為勃。勃然，興起貌。」《韓詩外傳》卷4作「沛然」。

（4）宣帝時，王成為膠東相，黃霸為潁川太守，皆且十年，但就增秩，賜金，封關內侯，以次入為公卿

孫啟治曰：但，僅也。就，從也。（P136）

按：《治要》作「佀」，不作「但」。嚴氏誤輯，孫氏承其誤。日鈔本《治要》「佀」左旁有校語：「俱，一本。」一本作「俱」是也。

闕題七

本篇嚴氏據《治要》輯。天明刊本《治要》無題，日鈔本《治要》有小字題曰《內恕》。

（1）皆羣臣之所為

按：鈔本《治要》「羣」作「君」。

（2）所愛所親方將凍餒

按：《治要》「餒」作「餧」。嚴氏誤輯，孫氏承其誤。

（3）故其為士者習推讓之風，恥言十五之計

孫啟治曰：「十五之計」未詳。蓋舉「十」、「五」為計數之名，今俗語計數猶言「一五一十」。十五之計，蓋謂計利耳。（P148）

按：鈔本《治要》「言」字右旁有二點，示刪除其字。「恥十五之計」與「習推讓之風」對舉。「十五」即下文「其益吏奉百石以下什五」之「什五」，指所增俸祿。

（4）乃詔曰：「吏不廉平則治道衰。」

按：《治要》無「廉」字。嚴輯本有「廉」字，蓋據《漢書・宣帝紀》、《漢紀》卷19補，當出校記。

闕題八

本篇嚴氏據《治要》輯。天明刊本《治要》無題，日鈔本《治要》有小字題曰《去㦝（赦）》。

（1）諺曰：「一歲再赦，奴兒喑噁。」

按：鈔本《治要》「喑」作「噫」。

（2）初切望之

按：《治要》「切」作「期」。嚴輯不誤，孫氏自誤。

闕題九

本篇嚴氏據《通典》卷1輯。

（1）故富者席餘而日織，貧者躡短而歲蹙

孫啟治曰：織，《通典》原作「熾」，是。「躡短」一詞僅見於宋元以後人語……「躡短」並與「素困」連文，蓋亦局促困乏之意。「蹙」同「蹙」，促迫也。（P173～174）

按：此「躡短」與「席餘」對文，「躡」當是名詞。躡，履也，所履者亦曰躡，即指鞋。以富者席餘而興日子旺盛，以貧者鞋短而興歲月窮迫。

佚文

（1）秦開鄭國，漢作白溝，而關中號為陸海。（《御覽》卷75）

孫啟治曰：白溝，宋刻《御覽》作「白渠」，明刻《御覽》、《天中記》卷10並作「白溝」。按漢武帝太始二年，白公穿渠引涇水，是謂白渠，見《漢書・溝洫志》。（P180）

按：作「白渠」是。《御覽》卷 821 引王朗《上求賑貸民表》：「昔在西京，有鄠杜膏之饒，池陽谷口之利，涇渭二川之水，鄭國白渠之溉，雲雨年成，糞與灌並，畝貨一金，號為陸海。」用典同。

（2）夏扈趣耘鋤。（即竊脂，亦呼穫穀。《事類賦·夏賦》注）

孫啟治曰：見《事類賦》卷 4《夏》。嚴注「即竊脂，亦呼穫穀」七字為《事類賦》原注所附。按此節疑是寔《四民月令》之文，《事類賦》誤引作《政論》文……參《全後漢文》卷 47 嚴輯《四民月令》案語。（P182）

按：《事類賦》卷 4 所引「即竊脂」七字非注文，亦正文。梁·宗懍《荊楚歲時記》引崔寔《正論》：「夏扈趍耕鋤。即竊脂玄鳥，鳴穫穀，則其夏扈也。」《御覽》卷 22 引《荊楚歲時記》所引《正論》「耕」作「耘」，餘同。

（3）僕前為五原太守，土地不知緝績。冬至積草，伏臥其中。若見吏，以草纏身，令人酸鼻。吾乃賣儲峙，得二十余萬，詣雁門、廣武迎織師，使巧手作機及紡，以教民織。具以上聞。（《御覽》卷 27、826）

孫啟治曰：嚴校：「績，一作織。」按：明刻《御覽》卷 826 作「織」，宋刻仍作「績」。（P183）

按：嚴校異文，必非《御覽》刻本之異。《書鈔》卷 39 引崔寔《正論》：「五原土地有麻，不知紡績。衣韋毛氈毳，冬則積細草，伏臥其中。寔乃斥賣其資儲峙，〔得〕二十萬。」《後漢書·崔寔傳》：「出為五原太守。五原土宜麻枲，而俗不知織績，民冬月無衣，積細草而臥其中，見吏則衣草而出。寔至官，斥賣儲峙，為作紡績、織紝、練縕之具以教之，民得以免寒苦。」據本傳，當說「緝，一作織」，嚴氏校語誤係在「績」字下。《御覽》卷 27、826 二引「土地不知緝績」有脫文，據《書鈔》，「土地」下脫「有麻」二字。

（4）同類翕集而蟻附。（《意林》）

按：《意林》卷 3 引「蟻」作「蛾」。

2021 年 5 月 10 日～5 月 15 日。

《昌言》校補

後漢仲長統《昌言》北宋已佚，清人嚴可均《全後漢文》卷88～89據《後漢書‧仲長統傳》及《治要》卷45、《意林》卷5所引輯其文。今人孫啟治據嚴輯本作《昌言校注》〔註1〕。

《理亂篇》

本篇嚴氏據《後漢書‧仲長統傳》輯。

（1）漢興以來，相與同為編戶齊民，而以財力相君長者，世無數焉

孫啟治曰：《漢書‧貨殖傳》：「其為編戶齊民，同列而以財力相君。」按君、長作動字。《前漢紀》卷7引「君長」作「窘」字，窘謂迫人也，文異而義實同。（P267）

按：「君長」複詞。《漢紀》「窘」乃「君」誤，與《漢書》均用單詞。

（2）睇盻則人從其目之所視，喜怒則人隨其心之所慮

孫啟治曰：睇，斜視。《慧琳音義》卷64引《說文》云：「盻，邪視也。」（P268）

按：俞樾曰：「『睇盻』之義與『顧盼』近。」〔註2〕俞說非是，「盻」當作「眄」，《慧琳音義》引《說文》「盻，邪視也」亦然。《說文》：「眄，一曰衺視也。秦語。」又「睇，目小視也。南楚謂眄曰睇。」《大戴禮記‧夏小正》：

〔註1〕孫啟治《政論校注‧昌言校注》，中華書局2012年版。
〔註2〕俞樾《茶香室四鈔》卷14，收入《春在堂全書》第6冊，鳳凰出版社2010年版，第824頁。

「睇者，眄也。」《方言》卷2：「睇，眄也。陳、楚之間，南楚之外曰睇。自關而西，秦、晉之間曰眄。」「睇眄」是複語。《禮記・曲禮》「毋淫視」，鄭玄注：「淫視，睇眄也。」《釋文》：「眄，莫遍反。」據音莫遍反，則必是「眄」字無疑，《詩・小宛》孔疏引鄭玄注誤作「睇盼」。天明刊本《治要》卷45引《昌言》：「由（猶）尚有智心之逸念，睇盼之過視。」又「夫以此欼唾盼睇之間，至易也。」日鈔本《治要》二「盼」均作「眄（眄）」，即「眄」俗字。《全後漢文》卷89輯作「盼」亦誤。《玉臺新詠》卷7梁武帝《擣衣》：「朱顏日已興，盼睇色增光。」「盼」亦當作「眄」。「眄睇」是「睇眄」倒言。

闕題一

本篇嚴氏據《治要》輯。天明刊本《治要》無題，日鈔本《治要》有小字題曰《德教》。

（1）舍我塗而不由

按：日鈔本《治要》「由」作「用」。

（2）身不能先，而總略能行之，嚴明者也

孫啟治曰：總略，猶言大略。（P329）

按：《治要》「總」作「聰」。孫氏承嚴輯本之誤，又據誤字解釋。

闕題二

本篇嚴氏據《治要》輯。天明刊本《治要》無題，日鈔本《治要》有小字題曰《損益》。

（1）疾其末者刈其本，惡其流者塞其源

按：《後漢書・朱暉傳》：「今將患其流而塞其源，病其末而刈其本。」

（2）塗塞其虧隙

孫啟治曰：虧隙，虧缺、瑕隙。（P332）

按：日鈔本《治要》「虧隙」作「戲陳」。「陳」是「隙」俗譌字。戲，古音呼，讀為墟、隙、罅，指裂縫、縫隙。《鬼谷子・抵巇》：「巇者，罅也。罅者，㵎也。㵎者，成大隙也。」陶弘景注：「巇，釁隙也。」《文選・蜀都賦》劉逵注引作「抵戲」。「巇」是「戲」增旁俗字，訓作「罅也」，以聲訓明其本

字。「𪩘」是「間」增旁俗字，以義訓「𪩘也」、「成大隙也」申明其誼。《文選·蜀都賦》李善注引《周易》鄭玄注：「解謂拆（坼）呼。」〔註3〕「呼」是「罅」同音借字。天明刊本以形聲相近而妄改作「虧」。

（3）汙風詭俗，生淫長姦，莫此之甚，不可不斷者也

孫啟治曰：詭，怪也。汙風詭俗，謂污穢反常之風俗。（P334）

按：孫氏未得其句法。「詭俗」與「汙風」平列。詭，違反也。

闕題三

本篇嚴氏據《治要》輯。天明刊本《治要》無題，日鈔本《治要》有小字題曰《法誡》。

（1）故其欲關豫朝政，愜快私願，是乃理之自然也

孫啟治曰：愜快，愜意快心。（P337）

按：所謂「愜」字，日鈔本《治要》作「惬」，天明刊本《治要》作「悁」，是也。嚴輯臆改作「愜」，卻無校記。然「悁快」不辭，待校。

（2）然後可庶幾其不陷沒流淪耳

孫啟治曰：「流淪」一詞鮮見，未詳其確詁，蓋取義於《詩》語。《小雅·小旻》：「如彼泉流，無淪胥以敗。」此云「流淪」，喻君為政不明，牽累於母、妻黨請託之惑，遂使政事皆同歸於敗也。又一解，流，下也。淪，沒也。「流淪」即「陷沒」。（P340）

按：所謂「流」字，日鈔本《治要》作「沉」，即「沉」字。天明刊本《治要》誤作「流」，嚴輯本承之。

闕題四

本篇嚴氏據《治要》輯。天明刊本《治要》無題，日鈔本《治要》接上篇《法誡》下，則題名亦當是《法誡》。

（1）則昏迷霧亂之政起

按：日鈔本《治要》「霧」作「霜」，右旁改正作「霧」。

〔註3〕「拆」是「坼」形誤，國圖藏宋刻本、宋淳熙八年刻本、宋明州刊本、四部叢刊影南宋版均誤，《唐鈔文選集注彙存》卷8又誤作「坼」。

（２）直言正諭，與相摩切

　　　　孫啟治曰：諭，告曉也。（P346）

　　　　按：日鈔本《治要》「諭」作「論」。《漢書·夏侯勝傳》：「人臣之誼，宜直言正論，非苟阿意順指。」天明刊本《治要》誤作「諭」，嚴輯本承之。

闕題五

　　本篇嚴氏據《治要》輯。天明刊本《治要》無題，日鈔本《治要》有小字題曰《教禁》。

（１）康道德，履仁義

　　　　孫啟治曰：樂好道德。《爾雅》：「康，樂也。」（P350）

　　　　按：蔡偉說「康」是「秉」形誤〔註4〕。

（２）廣之以他山，肅之以二物

　　　　孫啟治曰：《詩·鶴鳴》：「它山之石，可以為錯。」謂以師友之教誨砥礪增廣己之道德學問。（P360）

　　　　按：日鈔本《治要》「廣」作「厴」，疑「厝」形誤。「厝」是「錯磨」之「錯」本字。

闕題六

　　本篇嚴氏據《治要》輯。天明刊本《治要》無題，日鈔本《治要》有小字題曰《中制》。

闕題七

　　本篇嚴氏據《治要》輯。天明刊本《治要》無題，日鈔本《治要》有小字題曰《拾遺》。

（１）不節情欲，伐其情性命者也

　　　　按：日鈔本《治要》「性」作「情」。

（２）驕貴外戚，淆亂政治者也

　　　　按：日鈔本《治要》「貴」作「其」，「淆」作「滑」（左旁改作「淆」）。

〔註4〕　蔡偉《利用俗字校勘古書舉例》，《中國文字學報》第9輯，2018年版，第117頁。

闕題八

本篇嚴氏據《治要》輯。天明刊本《治要》無題，日鈔本《治要》有小字題曰《性行》。

闕題九

本篇嚴氏據《治要》輯。天明刊本《治要》無題，日鈔本《治要》有小字題曰《議難》。

佚文

（1）是以古人之初任也。雖有賢才，皆以級賜進焉。（《御覽》卷 203）

孫啟治曰：《御覽》宋本「賜」作「次」，是。（P413）

按：《御覽》「任」作「仕」。嚴輯本《全後漢文》卷 89 不誤，孫氏自誤。

（2）漢安帝時，有異物生於長樂宮延年殿廡後東廡柏樹，及永巷南園合歡樹。（《類聚》卷 89、《御覽》卷 960）

孫啟治曰：《類聚》「安帝」作「哀帝」。按《類聚》、《御覽》均無「延年殿廡後」五字。嚴校：「園，《御覽》作『閨』。」按《類聚》作「闈」，亦不作「園」。（P415）

按：《類聚》卷 89、98 二引均作「哀帝」，《御覽》作「安帝」。孫氏所據《類聚》乃卷 89。卷 98 引有「延年廡後」四字，作「南園」，與嚴輯相合（嚴輯本無「殿」字，孫氏誤衍），則嚴氏所據實乃卷 98，而誤記作卷 89 耳。

（3）築臺起功。（《文選》謝靈運《還舊園詩》注。）

按：《還舊園詩》「曩基即先築」，李善注引仲長子曰：「築基起功。」嚴輯本「基」誤作「臺」，孫氏復承其誤。

2021 年 5 月 16 日～5 月 18 日。